丛书主编　张玉金

汉字与职官

钟明立　洪晓婷　编著

暨南大学出版社
JINAN UNIVERSITY PRESS

中国·广州

图书在版编目（CIP）数据

汉字与职官／钟明立，洪晓婷编著.—广州：暨南大学出版社，2018.1
（汉字中国）
ISBN 978 - 7 - 5668 - 2012 - 9

Ⅰ.①汉…　Ⅱ.①钟…②洪…　Ⅲ.①汉字—关系—官制—研究—中国　Ⅳ.①H12②D691.42

中国版本图书馆 CIP 数据核字（2016）第 302155 号

汉字与职官
HANZI YU ZHIGUAN
编著者：钟明立　洪晓婷
••

出 版 人：徐义雄
策划编辑：杜小陆　刘　晶
责任编辑：杜小陆　黄海燕
责任校对：李林达
责任印制：汤慧君　周一丹

出版发行：暨南大学出版社（510630）
电　　话：总编室（8620）85221601
　　　　　营销部（8620）85225284　85228291　85228292（邮购）
传　　真：（8620）85221583（办公室）　85223774（营销部）
网　　址：http://www.jnupress.com
排　　版：广州良弓广告有限公司
印　　刷：佛山市浩文彩色印刷有限公司
开　　本：850mm×1168mm　1/32
印　　张：7.625
字　　数：156 千
版　　次：2018 年 1 月第 1 版
印　　次：2018 年 1 月第 1 次
定　　价：35.00 元

（暨大版图书如有印装质量问题，请与出版社总编室联系调换）

总　序

当人类从野蛮跨入文明，一些民族发明并使用了文字。如巴比伦人的楔形文字、埃及人的象形文字、玛雅人的图形文字等。我们的先人，同样也发明并使用了象形文字。

然而到了今天，其他几种古老的文字体系都消亡了，只有我们的汉字至今还存活着，并呈现出勃勃的生机。在可以预见的将来，它都不太可能被废弃。这是为什么？

传说汉字是四目的仓颉所造的。他创造文字之后，"天雨粟，鬼夜哭"，真是惊天地、泣鬼神的壮举。即使在今天，还有人把汉字的创造看成是中国人的第五大发明。的确，汉字对中华民族的贡献，怎样评价都不过分。

汉字具有超时代性，使我们后人很容易继承先人所创造的伟大文明。中华民族生生不息，中华文明薪火相传，绵延不绝。汉字居功至伟。

汉字具有超地域性，使得居于不同地域、操不同方言的人们能顺利交流，维系着我们国家的统一和民族的团结。汉字功不可没……

汉字身上，蕴藏着无穷无尽的奥秘，等待着我们去探究。

　　然而以往对汉字的研究，多是就汉字研究汉字，如研究汉字的本义和形体结构，探究汉字的起源、发展、结构等。有时就汉语研究汉字，探讨汉字与汉语的关系。

　　近些年来，一些学者开始研究汉字自身所具有的文化意义，探讨汉字与中国文化的关系。

　　但是，到目前为止还没有人从中国文化生态系统的角度来研究汉字。本丛书就是从中国文化生态系统的角度来研究汉字的。

　　所谓中国文化生态系统是指由影响中国文化产生和发展的自然环境、科学技术、经济体制、社会组织及价值观念等变量构成的完整体系。人类的活动是社会的主体，人类的文化创造可以划分为科学技术、经济体制、社会组织及价值观念等四个层次，这些因素构成文化生态系统的结构模式。与自然环境最近、最直接的是科学技术一类智能文化；其次是经济体制、社会组织一类规范文化；最远是价值观念。对人类的社会化影响最近、最直接的是价值观念；其次是社会组织、经济体制；最远的是自然环境，它对人类社会化的影响是通过经济体制、社会组织及价值观念等中间变项来实现的。

　　汉字是一种文化现象，所以可以从中国文化生态系统角度来研究汉字。把汉字与中国文化生态系统联系起来，考察汉字所赖以产生的整个文化生态系统及其对汉字的影响，考察汉字中蕴涵的中国社会结构、经济土壤、文化系统和自然环境等各方面的信息。

　　本丛书的创新点，不是仅就汉字论汉字、仅就汉语论汉字，也不是仅就中国文化来论汉字，而是联系它所赖以产生的整个文化生态系统，从而达到对汉字的更为深入全面的剖析。

　　本丛书从汉字与人、汉字与社会、汉字与经济、汉字与文化、汉字与自然等五个大的角度来研究汉字，共提出 39 个研究子课题，每个子课题都写成一本小书。这些子课题如下：

　　一、人：汉字与人体。

　　二、社会：汉字与婚姻家庭、汉字与宗法、汉字与职官、汉字与战争、汉字与汉语。

　　三、经济：汉字与农业、汉字与渔猎、汉字与手工业、汉字与贸易。

　　四、文化：

　　（一）物质文化：汉字与饮食、汉字与服饰、汉字与建筑、汉字与交通、汉字与玉石、汉字与文房四宝。

　　（二）制度文化：汉字与刑法、汉字与度量衡。

　　（三）精神文化：汉字与乐舞、汉字与书法艺术、汉字与神话、汉字与对联、汉字与数目、汉字与医疗、汉字与色彩、汉字与经典。

　　（四）心理文化：汉字与民俗、汉字与姓名、汉字与避讳、汉字与测字、汉字与字谜、汉字与宗教、汉字与道德、汉字与审美、汉字与思维。

　　五、自然：汉字与植物、汉字与动物、汉字与地理、汉字与天文。

本丛书的读者对象是具有高中及以上学历的学生和一般国人，也包括学习汉语汉字的海外华人、外国学生和一般外国人。

全面揭示汉字所蕴含的中国文化生态系统信息，可以让普通民众和大中学生对我们天天使用的汉字有更为深入的了解，有利于提高基础教育和高等教育的水平，有利于提高中华民族的科学文化水平；还可以让学习汉语的外国学生和一般外国人对汉字及其背后的文化生态系统，特别是两者的关联有更多的了解，这有利于汉字汉语汉文化走向世界。

张玉金

2014. 12

弁　言

　　汉字是中国文化的载体，通过汉字，"前人所以垂后，后人所以识古"（前人通过汉字将文化传给后人，后人通过汉字了解古代文化。引自《说文解字·序》）。通过汉字，还把文化传播至世界各地。

　　职官，即各种官职的统称，它是中国文化（制度文化）的一部分。我国古代历史久远，历代官制又不尽相同，因此我国古代职官繁多且复杂。虽然如此，但各种职官的职掌、责任，却是明晰、确定的，都积淀在为数不多的汉字之中。这就形成了汉字与职官文化。

　　在这本小书里，我们尝试通过汉字（字义），将中国古代常见的职官以及官署联系起来，使初学者见其"官"，就能略知其"职"。

　　全书按汉字与中央职官，汉字与地方职官，汉字与官署、职官分别加以介绍。汉字与中央职官的篇幅较大，为均衡起见，分上下两章。介绍时，各章所述汉字按音序排列；各汉字下所统领的职官词条也按首字的音序排列。如果某汉字所统领的职官名称既有中央职官词条，又有地方职官词条时，该字的归属从职官词条比较多的。其余情况也大致如此。

因本书是通俗读物，故书中所参、所引概不注明出处，统见书后"参考文献"。

目　录

一、汉字与中央职官（上）

1."保"字与职官

"保"（bǎo），商代、西周古文作 ，从人从子，造意是人背着小孩。"保"的篆文作 ，右边讹变为"呆"，就无法理解了。隶书、楷书承用了这一讹变的写法。

"保"的本义是"背着小孩"。《尚书·召诰》："夫知保抱携持厥妇子，以哀吁天。"①

小孩不仅要背、要抱，更要养育，于是引申为"养育、抚养"。《尚书·康诰》："若保赤子，惟民其康乂。"②《汉书·宣帝纪》："尝有阿保之功，皆受官禄田宅财物，各以恩深浅报之。"③ 又引申为古代辅导天子和教导太子、诸侯子弟的官员。参见"保傅""太保"等。

金文"保"

---

① 老百姓知道后就背着、抱着、拉着妻子儿女，哀告上天。
② 好像抚养小孩一样，臣民就会康乐安定。
③ 对朕曾有抚育之功的人，皆授予官禄土地房屋财物，各根据当年对朕的恩情深浅程度予以报答。

【保傅】古代辅导天子和教谕太子、诸侯子弟的官员，统称保傅，即对"三公"（太师、太傅、太保）"三少"（少师、少傅、少保）的统称。《战国策·秦策三》："足下上畏太后之严，下惑奸臣之态，居深宫之中，不离保傅之手。"

【保氏】古代掌管以礼义匡正君王、教育贵族子弟的官员。《周礼·地官司徒·保氏》："保氏掌谏王恶，而养国子以道，乃教之六艺。"郑玄注："谏者，以礼义正之。"

【少保】①西周设置的三少（少师、少傅、少保）之一。少保为太保的副职，是辅弼国君的官。后一般为大臣的加衔，以示恩宠而无实职。②指太子少保，为辅导太子的官。

【太保】①西周设置的三公（太师、太傅、太保）之一，官位次于太傅，是辅弼国君的重臣。春秋后废，汉复置。后代沿置，多为重臣的加衔，以示恩宠，并无实职。②指太子太保，为辅导太子的官。

2."臣"字与职官

"臣"（chén），甲骨文作 ，金文作 ，小篆作 臣。甲骨文、金文中"臣"的字形像一只竖着的眼睛。人只有在侧面低头时，眼睛才能处于竖立的位置，这是奴隶的形象（奴隶是不能抬头正面看主人的）。小篆的写法，与甲骨文、金文相似，但里面的黑眼珠没有了。《说文·臣部》："臣，……象屈服之形。"① 所以"臣"的本义是指男性奴隶。《尚书·费誓》："马牛其风，臣妾逋逃。"② 词语有"臣仆""臣虏"等。

古代的俘虏往往成为奴隶，所以"臣"又有战俘义。《礼记·少仪》："牛则执纼，马则执靮，皆右之。臣则左之。"③《说文·臣部》："臣，牵也。"④ 反映了古代的战俘往往是被捆起来牵着走的。

官吏侍奉君主，犹如奴隶侍奉主人，因此"臣"又引申为君主时代的官吏。《说文·臣部》："臣，……事君也。"《左传·襄公九年》："君明臣忠，上让下竞。"⑤ 又如"小耤臣""小稭臣"等，见下文。

---

① 臣，……像屈服的样子。

② 马牛走失了，男女奴仆逃跑了。

③ 如果是送牛，就牵着牛绳，送马就拉着马缰，都用右手。如果送的是战俘，就用左手（让右手空着，以防其暴动）。纼（zhèn），牛鼻绳；靮（dí），马缰绳。

④ 臣，是受牵制者。

⑤ 国君明察，臣下忠诚，上面谦让，下面努力。

【北洋通商大臣】官名。清代设置，简称北洋大臣，管理直隶、山东、奉天三省洋务、海防及各关事务。参见"臣"字"三口通商大臣"。

【参赞大臣】官名。清朝在新疆伊犁、塔尔巴哈台、乌什等地设置。地位略低于将军，皆由皇帝特旨简派。职掌参赞军务，综理政事。战时亦往往临时设置参赞大臣，辅佐统帅，协理军务，分统军队。

【家臣】春秋时期，各国卿大夫的属臣。当时卿大夫的家族和政权组织称"家"，总管家务的官称"宰"。宰下置司徒、司马、工正、马正等官职，担任此类官职者都称为家臣。家臣不世袭，由卿大夫自行任免。家臣必须忠于卿大夫，不得越级。

【领队大臣】官名。清代在伊犁、阿克苏、吐鲁番等地设置领队大臣，负责各地的屯田事务。光绪十年（1884 年），新疆建立行省，设府、州、县，领队大臣陆续废除。

【领侍卫内大臣】官名。清代侍卫处的长官，定员六名，由朝廷勋戚大臣担任，地位相当于文官中的大学士。侍卫处职掌宿卫扈从，以镶黄、正黄、正白三旗子弟充侍卫。

【南洋通商大臣】官名。清代设置，简称南洋大臣。咸丰十年十二月（1861 年 1 月），置三口通商大臣（参见"臣"字"三口通商大臣"），并沿鸦片战争以来旧例，设立五口通商大臣，列于总理各国事务衙门之下，驻上海，管理广州、福州、厦门、宁波、上海及潮州、琼州、淡水各通商事务及各项"洋务"，由江苏巡抚兼任。后改称南洋通商大臣。同治四年（1865年），由两江总督李鸿章兼任。其后，两江总督例兼南洋通商大臣遂成定制。

【内大臣】官名。清代侍卫处的次官，位领侍卫大臣之下，设有六名。参见"臣"字"领侍卫内大臣"。

【内小臣】官名。《周礼》记载天官冢宰所属有内小臣，负责侍从王后，依王后之命处理事务。别称"苍伯""司宫""小臣"。

【牛臣】官名。商代设置。管理豢养和提供牛牲。

【钦差大臣】官名。明制，皇帝亲自派遣外出办理重大事件的官员称钦差。清承明制，由皇帝特命并颁授关防者称钦差大臣，简称钦使，统兵者则称钦帅。驻外使节亦称钦差出使某国大臣。

【三口通商大臣】清代设置。在《天津条约》《北京条约》订立后，清政府为适应北方沿海通商口岸开放的形势，咸丰十年十二月（1861年1月），在总理各国事务衙门下，设立三口通商大臣，办理天津、牛庄（后改营口）、登州（后改烟台）三口通商事务，管理天津关税。同治九年（1870年），天津教案后，改由直隶总督兼任，并改称北洋通商大臣。

【使臣】官名。宋代的武臣阶官共分十等，秩从正八品到从九品，均称使臣。

【五口通商大臣】官名。鸦片战争后，清政府被迫开放上海、宁波、福州、厦门、广州五口通商，初命两江总督耆英以钦差大臣名义兼管有关事宜。道光二十四年（1844 年），耆英调任两广总督，仍兼办各省通商善后事宜。此即所谓五口通商大臣。咸丰八年年底（1859 年初），清政府命两江总督何桂清兼任五口通商大臣。总理衙门成立后，五口通商大臣改属总署。同治五年（1866 年），改称南洋通商大臣。

【小稑（bàng）臣】官名。商代设置。专管庄稼收割，相当于农业奴隶的总管。

【小臣】①官名。亦称少臣。商、西周初设置。小臣为掌管各种具体事务的官员的统称，诸如负责占卜、田猎、征伐、监督"众人"耕作等。或具体称小某臣、某臣。参见"臣"字"小耤臣"和"牛臣"等。②《周礼》记载夏官司马所属有小臣，是大仆助手，负责传王命等。③内小臣的简称。参见"臣"字"内小臣"。

【小耤（jí）臣】官名。商代设置。掌管王室农田耕作。

【小众人臣】官名。商代设置。管理农业生产者众人。

3. "丞"字与职官

"丞"（chéng），甲骨文作🐾，小篆作🔒。丞的甲骨文字形像一人困于陷阱中，有人用两手拉他上来。小篆"丞"字，把甲骨文下部的陷阱换成了一座大山，有人用两手搀扶着一个人从大山上走下来。可见，"丞"的本义为拯救，是"拯"的初文。

由救人于危难之中引申出辅佐、辅助的意思。《吕氏春秋·介立》："有龙于飞，周遍天下；五蛇从之，为之丞辅。"①

由辅佐再引申为起辅佐、辅助作用的官。如皇帝的最高级的佐官为"丞相"，县令的佐官是县丞。大凡得名于"丞"的官名，多为主官的佐官，具有内部事务官的性质，多负责官署内具体事务。秦汉时期，从中央到地方的官署大都设置丞，职掌内部事务，是最重要的佐官。如"御史中丞"等，见下文。

【丞史】见"史"字"丞史"。

【大理丞】官名。大理寺卿的辅佐官。大理寺长官为大理寺卿，其次为大理寺少卿、大理寺正、大理寺丞。大理寺丞又称大理丞，主要负责断罪判刑。唐代神探狄仁杰就曾担任大理丞，据说他任职一年内判决了大量积压

---

① 有龙飞翔，遍行天下。五蛇追随，甘当辅佐。

案件，涉及一万七千人，没有一个喊冤的人。

【大理寺丞】官名。见"丞"字"大理丞"。

【大理狱丞】官名。职责为率领狱史，管理囚徒。隶属大理寺。

【都内丞】官名。汉代都内令的辅佐官。见"令"字"都内令"。

【都水丞】官名。秦汉时期，都水长的辅佐官。隋唐时期，都水使者的辅佐官。见"长"字"都水长"和"都"字"都水使者"。

【府丞】①地方官名。明代，应天府和顺天府长官"府尹"的辅佐官。②中央官名。清代，除了顺天府、奉天府设置府丞外，宗人府长官"宗正"的辅佐官也称府丞，负责校对、整理汉文册籍等。

【甘丞】官名。汉代隶属少府，太官令的辅佐官，职掌膳具。

【光禄丞】官名。汉代光禄勋（后改称光禄寺卿）的辅佐官。见"卿"字"光禄卿"。

【国子监监丞】官名。唐代以来，国子监监丞负责国子监的内部事务。明代，国子监监丞负责监察学生行为和负责学生膳食津贴的发放，有纠正和惩罚的权力，是学监性质的官员。清代的国子监监丞负责监督教学，考察出勤，均衡学生膳食津贴，核查监内开销。

【果丞】官名。汉代隶属少府，太官令的辅佐官，掌管山林所产果实之利。

【海丞】官名。汉代隶属少府，主管海税。

【鸿胪丞】官名。汉代大鸿胪（后改称鸿胪寺卿）的辅佐官。见"卿"字"鸿胪寺卿"。

【籍田丞】官名。汉代籍田令的属官。见"令"字"籍田令"。

【家丞】官名。汉代为辅佐太子家令的次官。食邑千户以上的列侯也设置家丞。后代仅有太子家丞。明代废除。

【监丞】官名。历代国子监、将作监、军器监等的副官。

【将作丞】官名。秦代将作少府的辅佐官。南北朝时期，北齐设置将作寺，职掌宫室与城郭修缮等。将作寺的长官称将作寺大匠，副长官为将作丞。

【均输丞】官名。汉代均输令的辅佐官。见"令"字"均输令"。

【郡丞】地方官名。秦代设置，郡守的辅佐官。辅佐郡守综理郡政。见"守"字"郡守"。

【平准丞】官名。汉代平准令的辅佐官。见"令"字"平准令"。

【少府丞】官名。汉代少府的辅佐官。见"少"字"少府"。

【署丞】官名。北齐以来，九寺等中央机构下属各署多置署丞，为署令（有时称署长）之佐。

【司农丞】官名。汉代大司农的辅佐官，又叫"大司农丞"。见"司"字"大司农"。

【祀丞】官名。明代奉祀的辅佐官。

【太仓丞】官名。汉代太仓令的辅佐官。见"令"字"太仓令"。

【太常丞】官名。汉代太常的辅佐官。见"卿"字"太常卿"。

【太府丞】官名。太府寺卿的辅佐官。见"卿"字"太府寺卿"。

【太庙丞】官名。汉代太庙令的辅佐官。见"令"字"太庙令"。

【太仆丞】官名。汉代太仆的辅佐官。见"卿"字"太仆卿"。

【太社丞】官名。汉代太社令的辅佐官。见"令"字"太社令"。

【太医丞】官名。汉代太医令的辅佐官。见"令"字"太医令"。

【太乐丞】官名。秦汉太乐令的辅佐官。见"令"字"太乐令"。

【汤官丞】官名。汉代隶属少府,太官令的辅佐官,负责酒水。

【卫尉丞】官名。汉代卫尉的辅佐官。见"卿"字"卫尉卿"。

【县丞】地方官名。战国始置,县令的辅佐官。唐宋时期,州郡不设置丞,而县仍有丞。辅佐县令处理县政,主要负责全县文书、仓库、征税等的管理。

【驿丞】地方官名。明清时期在州、县均设置驿丞，官秩未入流（九品以下）。职掌驿站车马迎送。

【狱丞】官名。三国时期，魏国设置，隶属廷尉。南北朝相沿。北齐时期，隶属大理寺。唐代也设置。负责率领狱吏，检校囚徒及枷杖等事。

【御史中丞】官名。西汉设置御史府，东汉改称御史台，主要负责监察百官。长官为御史大夫，副长官为御史中丞，东汉往往不设御史大夫，而以御史中丞为实际长官。武后统治时期，御史中丞来俊臣常常以飞祸陷害忠良，王侯将相受其残害者不可胜计。

【中校丞】官名。秦汉时期，将作大匠的属官中校令的辅佐官。见"令"字"中校令"。

【主章丞】官名。章是大木材的意思。主章，管理木材，以供建筑之用。汉代，隶属将作大匠，主章长的辅佐官。

【宗正丞】官名。汉代宗正的辅佐官。见"卿"字"宗正卿"。

【左丞】官名。汉代隶属少府，太官令的辅佐官，职掌饮食。

【左右丞】官名。东汉尚书有左、右丞。唐代，尚书省仆射下设置左、右丞，分别总领尚书省六部的事务。又叫"尚书左丞""尚书右丞"。

4. "典" 字与职官

"典" (diǎn)，甲骨文作 ，从册，从廾（双手），会意字，像双手捧册之形。小篆字作 ，像竹木简放在几案上。《说文·丌部》："（典）从册在丌上。"①

"典" 的本义是指典籍、经典，即重要的文献。《尚书·五子之歌》："明明我祖，万邦之君，有典有则，贻厥子孙。"② 汉代王符《潜夫论·赞学》："典者，经也，先圣之所制。"③

古人主持、掌管某项活动或工作，大多要根据 "典" 而行，要按照经籍中记载的准则行事，所以 "典" 引申为动词，表示主持、掌管。《尚书·舜典》："夔！命汝典乐。"④ 《南史·毛喜传》："及帝即位，除给事黄门侍郎，兼中书舍人，典军国机密。"⑤ 以 "典" 为名的官职，取义于此，表示执掌某事的官员。

---

① （典字）以 "册" 在 "丌" 上，即把重要简册放在架上。
② 我们十分圣贤的祖先，是各诸侯国的天子。有治国的典籍法则，遗留给他的后世子孙。
③ 典，是经籍，先世圣人所制作的。
④ 夔！命令你掌管音乐。
⑤ 等到帝王登基，任命毛喜担任给事黄门侍郎，兼任中书舍人，掌管军队、国家机密。

如"典祠""典客"等，见下文。

【典簿】官名。职掌章奏文牍之事。元代国子监、翰林兼国史院等设置有此官。明清两朝的翰林院、国子监相沿。

【典籍】官名。职掌文牍及金钱出纳等事务。元代翰林兼国史院、明代翰林院及国子监都设置有此官。

【典厩署令】官名。唐代太仆寺所属的四署之一。长官为典厩署令，职掌饲牛马给养杂畜。

【典客】官名。管理少数民族来朝事宜。秦代开始设置。汉初沿用此称，汉景帝时期改称大行令，汉武帝以后改称大鸿胪。属官有行人、译官等。

【典命】官名。《周礼》春官大宗伯的属官有典命，掌管天子封迁诸侯群臣爵秩的文书。周代的官爵分九等，称九命，所以称掌其职者为典命。

【典签】地方官名。本是处理文书的小吏。南朝宋齐时期，皇帝派亲信担任典签去监视出任方镇的宗室诸王和各州刺史，号称"签帅"。州镇实权掌握在典签手中。南朝梁以后渐废除。唐代诸王府也设置典签，但仅负责一些文书工作。宋代废除。

【典史】地方官名。元代始置，明清沿置。为知县的属官。始掌"文移出纳"，清时职掌缉捕、稽查狱囚，品秩为未入流（九品之下）。但该县如无县丞、主簿时，典史即掌县丞、主簿之职。

【典属国】官名。掌管少数民族事务。秦代开始设置，西汉相沿。汉成帝时期，将其职能并入大鸿胪。后世废除。

【典祠】官名。《周礼》春官大宗伯的属官有典祀，职掌外祀祭坛的守护及有关禁令。外祀，指在四郊进行的祭祀，如祭天地山川丘陵等，与内祀相对而言故称外祀。内祀指宗庙祭祀。

【典卫】官名。职掌王府守卫之事。隋唐在各亲王国设置。

【典谒】官名。掌管宾客请见的传达和接待事务的小官。

【典乐】官名。王莽曾改大鸿胪为典乐。见"卿"字"鸿胪寺卿"。

5."奉"字与职官

"奉"（fèng），金文作，小篆作。金文的字形，双手持丰，丰象征所捧之物，如珠玉之类，丰表意兼表声，奉为会意兼形声字。小篆字形，又加一手，后来演变成楷书的奉。

《说文》："奉，承也。"[①] 从字形可以看出，"奉"的本义为捧。《韩非子·和氏》："楚人和氏得玉璞楚山中，奉而献之厉

---

① 奉，指承受。

王。"①《史记·廉颇蔺相如列传》："臣愿奉璧往使。"②

"奉"，从捧义引申出进献义，即恭敬地以双手捧物献上。《周礼·地官司徒·大司徒》："祀五帝，奉牛牲。"③

"奉"由进献引申为供给、供养。《史记·孟尝君列传》："其食客三千人，邑入不足以奉客，使人出钱于薛。"④

由供给、供养又引申为侍奉、侍候。《孟子·告子上》："为宫室之美、妻妾之奉、所识穷乏者得我与?"⑤ 官名以及官署中的"奉"取义于此，即取义于臣子侍奉君王，如"奉常""供奉"等，见下文。

【奉常】官名。秦代设置，汉代改为太常。为九卿之一，职掌宗庙礼仪。"常"是祭祀时的旗帜，"奉常"即奉持祭祀旗帜的意思。汉代太常兼掌选试博士，其属官有负责传授学术的官员"五经博士"，其所教授的生徒名为"博士子弟"。汉代以后，学术之事已非太常专职。隋唐时期则设置国子监，专掌学术之事。太常开始专门职掌礼仪，与汉代太常职能有别。

【奉车都尉】官名。汉武帝时期设置。职掌陪奉皇帝乘车舆，

---

① 楚国有一个人叫和氏，在楚山中得到一块未经琢磨的玉石，捧着献给厉王。
② 我愿意捧着玉璧前往出使。
③ 祭祀五帝，把牛和家畜作为祭品来供奉五帝。
④ 孟尝君的食客有三千人，光靠封邑的收入不足以供养食客，派人去薛地放债以赚取利息。
⑤ 为着住宅的华丽、妻妾的侍奉和我所认识的穷苦人感激我吗?

为皇帝亲信。霍光曾担任此官。

【奉驾局】官署名。唐龙朔二年（662 年），由殿中省所属尚乘局改置，主官为大夫。咸亨元年（670 年）恢复旧称。见"局"字"尚乘局"。

【奉礼郎】官名。奉礼郎本名治理郎，唐代高宗时避李治讳初改为理礼郎，后改为奉礼郎。汉代为大鸿胪的属官，隋唐时期改为隶属太常寺。明清改称赞礼郎，仍属太常寺。职掌朝会、祭祀时君臣版位的次序及赞导跪拜礼仪。凡祭祀朝会，站位、拜跪、起身之节，都由奉礼郎赞导。类似于现代的司仪。

【奉冕局】官署名。唐龙朔二年（662 年），由殿中省所属尚衣局改置，主官为大夫。咸亨元年（670 年）恢复旧称。见"尚"字"尚衣"。

【奉膳局】官署名。唐龙朔二年（662 年），由殿中省所属尚食局改置，主官为大夫。咸亨元年（670 年）恢复旧称。见"尚"字"尚食"。

【奉圣侯】晋代、南北朝时期封孔子后裔为奉圣侯。

【奉医局】官署名。唐龙朔二年（662 年），由殿中省所属尚药局改置，主官为大夫。咸亨元年（670 年）恢复旧称。

【奉扆局】官署名。唐龙朔二年（662 年），由殿中省所属尚舍局改置，主官为大夫。咸亨元年（670 年）恢复旧称。见"尚"字"尚舍"。扆（yǐ），大屏风。

【奉舆局】官署名。唐龙朔二年（662 年），由殿中省所属尚辇

局改置，主官为大夫。咸亨元年（670 年）恢复旧称。见"尚"字
"尚辇"。

【供奉】对皇帝左右供职者的称呼。唐代有侍御史内供奉、
殿中侍御史内供奉等；唐玄宗时期有翰林供奉，专门以备宫中诗
文应制。

6."辅"字与职官

"辅"（fǔ），金文作 𨌥，
小篆作 𨌥，从车，甫声，形声
字。本义是指夹在车轮外旁的
两根直木，用以增加轮辐的承
载力。《诗经·小雅·正月》：
"其车既载，乃弃尔辅。"①

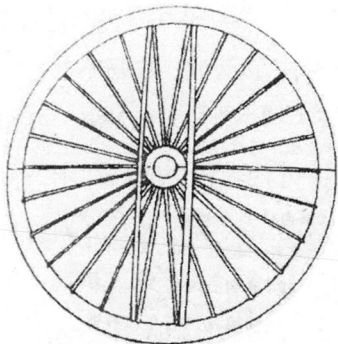

引申之，"辅"指辅佐，
协助。《尚书·蔡仲之命》："皇天无亲，惟德是辅。"② 又如"辅
臣"等，见下文。

再引申，指辅佐之臣。"辅""傅"同源。《礼记·文王世

---

① 车子已经装满货，却把辅条丢弃。
② 上天不亲近谁，只辅佑有贤德的人。

子》："虞、夏、商、周，有师保，有疑丞，设四辅及三公。"①
又如"首辅"等，见下文。

【辅臣】明代对内阁大学士的习称。明代为了削弱宰相权力，
加强君权，废除了中书省和宰相等职，设置华盖殿、谨身殿、武
英殿、文化殿、文渊阁等大学士，为皇帝顾问。这些入阁的大学
士成为实际上的宰相，号称"辅臣"。

【首辅】明代对首席大学士的习称，取首席辅佐大臣之义。
嘉靖、隆庆和万历初期，首辅、次辅界限分明。首辅职权最重，
主持内阁大政，次辅不敢与之相较。清代领班军机大臣的权力颇
大，一般亦称其为首辅。又作"首揆""元辅"。

【四辅官】明洪武十三年（1380年），朱元璋废除中书省，
改设置春、夏、秋、冬四辅官，辅助皇帝处理政务，任职者在每
月内分旬轮流值班。洪武十五年（1382年），取消四辅官。

【宰辅】辅政的大臣，一般指宰相和三公。

7."傅"字与职官

"傅"（fù），《说文·人部》："傅，相也。从人，專（fū）
声。"形声字。本义是辅佐、教导的意思。《史记·贾谊传》："故

_____

① 虞、夏、商、周四代，皆设有师、保、疑、丞，四辅及三公。按：孔颖
达疏："其四辅者，案《尚书大传》云：古者天子必有四邻，前曰疑，后曰丞，
左曰辅，右曰弼。天子有问，无以对，责之疑；可志而不志，责之丞；可正而不
正，责之辅；可扬而不扬，责之弼。"

令贾生傅之。"①《汉书·张良传》："子房虽疾，强卧傅太子。"②
又如"傅父"等，见下文。

引申为名词，指师傅，辅佐、教导帝王或王子的人。《左
传·僖公四年》："公杀其傅杜原款。"③《史记·魏世家》："君之
子无傅，臣进屈侯鲋。"④ 又如"太傅"等，见下文。

【傅父】古代保育、辅导贵族子女的老年男子。

【傅母】古代保育、辅导贵族子女的老年妇女。又作"傅姆"。

【少傅】官名。西周设置的"三少"（少师、少傅、少保）
之一。少傅为太傅的副职。后代一般作为大臣的加衔，以示恩宠
而没有实际职务。

【太傅】官名。①周代为君王辅弼重臣"三公"之一。汉代
废止，并无常任人员，仅作为一种荣誉称号，给大臣加衔。②汉
代诸王国设置有太傅，以德义辅佐、教导王，由中央任命派遣，
实际带有代替汉王朝中央监督地方诸王的意思。贾谊就曾为长沙
王太傅。

【太子少傅】官名。"东宫三少"之一，太子少傅位在太子少
师之下、太子少保之上。

---

① 因此，命令贾谊辅佐（梁怀王）。
② 张良虽然生病，勉强躺着教导太子。
③ 晋献公杀了太子的师傅杜原款。
④ 国君的公子没有了师傅，在下推荐屈侯鲋。

【太子太傅】官名。"东宫三师"（太子太师、太子太傅、太子太保）之一。汉代为辅导太子的官员，隋唐以后，太子的师傅实际上另以其他官员担任，"东宫三师三少"反而与太子无关。

【王傅】官名。三国时期，魏国为诸王设置师一人，作为辅佐官，后避司马师名讳改称"傅"。隋唐又改称"师"。唐开元年间，又改称"傅"。王傅负责辅佐诸王，总领诸王部下诸事。

【主傅】古代教导公主的女官。主是公主的简称。

8."公"字与职官

小篆"公"

"公"（gōng），甲骨文作ᢱ，金文作ᢱ，可能是一个象形字。其字义众说纷纭，徐中舒《甲骨文字典》认为"ᢱ"象瓮口之形，当为"瓮"的初文。"公"的小篆字变作公，原来的"口"变成了"厶（私）"。《说文·八部》："公，平分也。从八，从厶（sī）。八犹背也。韩非曰：'背厶为公。'"① 按照《说文》的体例，"公"的本义是平均分配，别

———————

① 公，平均分配。由八、由厶会意。八犹如背离的意思。韩非子说："背离私就是公。"

义是"背厶为公"的"公"，即指诸侯的、官方的。①

古代汉语中，"公"常被借来表示上古时代五等爵位的第一等。《礼记·王制》："王者之制禄爵，公、侯、伯、子、男，凡五等。"② 《左传·僖公二十九年》："在礼，卿不会公、侯，会伯、子、男可也。"③

引申之，"公"用作诸侯国君的通称，如齐国本是侯爵，但小白后称齐桓公；晋国、秦国本是侯爵，但重耳后称晋文公、任好后称秦穆公。

汉代以后，"公"又引申为朝廷最高官位的通称，如"三公"等，见下文。

【公乘】爵位名。秦汉时期的二十等爵第八级。得此爵者，可以乘公家之车，所以称"公乘"。秦汉制度，从第七级的公大夫（七大夫）起，称高爵。汉高祖规定，七大夫以上的爵位都享有相应的食邑。文帝后，第九级五大夫以上就称为高爵。五大夫的待遇不过是免除徭役，公乘以下的爵位仍必须服役。东汉明帝规定，平民赐爵不得超过公乘。

【公府】官署名。汉代为三公府邸的通称。清代指各办公的官署。见"公"字"三公"。

———

① 别义是"公"的常用义。
② 王规定俸禄爵位，分为公、侯、伯、子、男五级。
③ 按照礼制，诸侯的卿不能参加公侯的会见，参加伯子男的会见是可以的。

【公孤】"三公""三孤"的合称。周代以少师、少傅、少保为"三孤"。明代以太师、太傅、太保为"三公",少师、少傅、少保为"三孤"。三孤为三公副手,地位比三公低,比卿尊贵。见"三公"。后代"孤"与"公"一样,只是作为荣誉头衔,没有实际职务,为勋戚文武大臣加官、赠官。

【公爵】爵位名。古代五等爵位,公、侯、伯、子、男,第一等爵位称公或公爵。

【公卿】"三公九卿"的简称,泛指朝廷中的位高权重者。见"公"字"三公"和"卿"字"九卿"。

【公士】爵位名。秦汉时期的二十等爵的第一级,即最低一级。获此爵的平民,仍然要服役,只是身份略优于没有爵的人,跟一般的士卒不同,所以称"公士"。

【公相】俗称位列三公的宰相为公相。古代以太师、太傅、太保为"三公",故丞相兼太师者称公相。如宋代权臣蔡京任右仆射兼门下侍郎(右相),后官至太师位,故号称公相。

【国公】爵位名。以古国名为公爵之号者称"国公"。唐宋到明代多沿袭此制,清代时公爵称号不用郡国名,只是选取两字或四字的美称。

【郡公】爵位名。以郡名为公爵之号者称郡公。

【三公】中国古代中央三种最高官衔的合称,是天子一人之下的国家最高管理者。三公辅佐天子,参议朝政,是掌握军政大权的最高官员。历代的"三公"说法不一。周代三公有两说:一说，太师、太傅、太保为三公；二说，司马、司徒、司空为三公。西汉初，以丞相、太尉、御史大夫为三公；至哀帝时，以大司马、大司徒、大司空为三公。东汉时则以太尉、司徒、司空为三公，但已无实际职务。隋唐以来，三公没有具体职务，仅作为荣誉称号，多授予亲王，如果授予宰臣则为加官，受封者本身必有自己的官职。明清虽然也以太师、太傅、太保为三公，但只作为最高荣誉头衔赠予朝廷勋戚权臣。

9. "翰" 字与职官

"翰"（hàn），小篆作翰。从羽，倝声，形声字。《说文·羽部》："翰，天鸡，赤羽也。""翰"，本义是长着赤色羽毛的山鸡，又叫锦鸡。《逸周书·王会》："文翰者，若皋鸡。"①

山鸡的主要特征是长着赤色的羽毛，由此引申指鸟羽、羽翼。西晋左思《吴都赋》："理翰振翮，容与自玩。"②

古人曾用羽毛作为书写工具，后来就以"翰"代称笔。汉代

---

① 彩色的天鸡，像一种羽毛很美丽的野鸡。
② 整理羽翼，悠闲自赏。

张衡《归田赋》："挥翰墨以奋藻，陈三皇之轨模。"①

文辞是用笔写出来的，所以又以"翰"指称文辞。《新唐书》："翰藻沈郁，诗尤其所长。"②

由于"翰"指文辞，于是，文辞荟萃之所就叫作"翰林"，擅长文辞之士也叫"翰林"。而后与文辞有关的官名也叫"翰林"，或简称"翰"。官名如"翰林学士""翰林待诏""中翰"等，见下文。

【翰林待诏】官名。唐代皇帝常有文学、技艺、占卜、医术等官近侍身旁，其官名如"翰林待诏""翰林捧奉"。翰林待诏主要负责文辞之事以供皇上咨询。见"翰"字"翰林学士"。

【翰林供奉】官名。唐玄宗开始设置。见"翰"字"翰林学士"。

【翰林捧奉】官名。唐初设置，为天子近旁侍奉之官。见"翰"字"翰林待诏"。

【翰林侍书】官名。宋、明时期，翰林院中设置"侍书"，以书法侍奉皇帝，但不常置。

【翰林学士】官名。唐初常起用名儒学士起草诏令，而没有给予名号。唐玄宗设置"翰林待诏"，负责批答表疏，撰写应和

---

① 挥动笔墨奋发写文章，陈述古代圣王的法则。

② （其）文辞沉闷忧郁，尤其擅长诗歌。

文章；又选文学之士为"翰林供奉"，与集贤院学士一起负责制诏书敕。后来"翰林供奉"改称"翰林学士"，职掌起草拜免将相、号令征伐等机密诏令，并备皇帝顾问。唐德宗后，翰林学士常值宿内廷，号称"内相"。唐代后期往往以其升任宰相。唐代的翰林学士一般由有固定职务的官员兼任。宋代的翰林学士职责如唐代，隶属翰林学士院，但已纳入正官序列。明代翰林院成为正式的外朝官署。而兼管内朝文书事务的"殿阁大学士"，是天子的顾问，以阁老身份近侍左右，而"殿阁大学士"均出身翰林。清代翰林官在朝廷内仍属特殊职位，享有殊荣。

【翰林学士承旨】官名。唐元和元年（806年）置，位在诸学士之上，为翰林院首席学士。宋代翰林学士院也设置此官，为院长官，但不常置，多以久任翰林学士者充任。明代废除此官名。

【翰林院】官署名。唐代开始设置，是皇帝身边的文学、技艺、占卦、医术等侍奉官员的官署。宋代沿置，隶属内侍省。设立勾当官，总领天文、书艺、图画、医官四局。明代也设置翰林院，但掌管制诰、修史、著作、图书等事务，为正式外朝官署，已与唐宋时翰林院的职掌并不相同，它是由唐代的学士院、宋代的翰林学士院演变而来。清代沿置。

【内翰】清代内阁中书的别称。见"阁"字"内阁中书"。

【中翰】清代内阁中书的别称，因其掌阁中翰墨，故也称内翰。见"阁"字"内阁中书"。

10. "将"字与职官

今天的"将"（jiàng）是由"扗"（jiāng）和"将"（jiàng）两个字合并而成的。《说文·手部》："扗，扶①也。从手爿（qiáng）声。"《说文·寸部》："将，帅②也，从寸，酱省声。"后来"扗"合并入"将"。

先讲来源于"扗"（jiāng）的"将"。此"将"（扗）的本义是扶，扶持。《诗经·小雅·无将大车》："无将大车，只自尘兮。"③《木兰诗》："爷娘闻女来，出郭相扶将。"④ 引申为遵奉，秉承。《仪礼·聘礼》："束帛将命于朝。"⑤ "将作大匠"等官名中的"将"即用此义。

再看读去声的"将"（jiàng）。"将"，小篆字作將。由《说文》知道它的本义是"率领"。《史记·淮阴侯列传》："陛下不

———————

① 扶，扶持。
② 帅，同"率"，率领。
③ 不要去扶那大车，只会把自己弄得一身灰尘。
④ 父母听说女儿回来，走出城外互相搀扶。
⑤ （次介）拿着束帛奉命来到邻国的外朝。

能将兵，而善将将。"① 古文中常见"将军"，本为动宾词组，表示率领军队、带兵的意思，后来演变成官名，"将"变读为平声（jiāng）。又如"大将军"等，见下文。

"将"（jiàng）又引申指将领，名词。《战国策·赵策三》："秦将闻之，为却军五十里。"② 一部分武官中的"将"，用的是"将领"义，如"副将""参将"等，详见下文。

【别将】（—jiàng）①秦汉时期，军队中别部的统领官，即配合主力军作战的部队将领，称"别将"。②官名。唐代初期的府兵制度，军官中设有别将一职。唐代改隋代的车骑将军为别将，又改称果毅都尉。

【参将】（—jiàng）官名。明代，镇守边区的统兵官，职位次于总兵、副总兵，分守各路。清袭之，职位次于副将。见"参"字"参将"。

【大将军】（—jiāng—）官名。职掌统兵征战。战国时期开始设置，汉代相沿，为将军的最高称号。实际上多由贵戚担任，同时握有政权，地位很高。也有在大将军上再冠称号的，如骠骑大将军。三国至南北朝时期，战乱频发，大臣执政为加强威慑力，也多兼大将军称号。

---

① 陛下不善于带兵，但擅长于统率将领。
② 秦国将领听到这个消息，因此退兵五十里。

【副将】（—jiàng）官名。各级主将的辅佐将领。南宋武职中的副将，位在统制、统领、正将之下。清代的副将，隶属于总兵，统理一协军务，又称协镇。

【将军】（jiāng—）春秋时晋国的卿，通称将军。战国时始为武将名。汉代皇帝左右的大臣称大将军、车骑将军、前将军、后将军、左将军、右将军等；临时出征的统帅有别加称号的，如楼船将军、材官将军等。魏晋南北朝时，将军有各种不同的职权和地位，如中军将军、龙骧将军等，多为临时设置而有实权；如骁骑将军、游击将军等，则仅为称号。唐十六卫、羽林、龙武、神武、神策等军，均于大将军下设将军之官。宋、元、明多以将军为武散官。明代的总兵官有挂印带将军号的。此外，宋、元、明亦称殿廷武士为将军。清代的将军有三种：一为宗室爵号之一，如镇国将军、辅国将军等。二为驻防各地的八旗最高长官，专由满族人充任。内地各省将军（如江宁、广州、成都等将军），掌驻防军事及旗籍民事；在边疆地区（如黑龙江、吉林、伊犁），将军为全区的最高军事和行政长官。三为临时出征的统帅，如扬威将军、靖逆将军等。太平天国朝内官职，丞相最高，依次为检点、指挥、将军。

【将作大匠】（jiāng—）官名。秦代，设置"将作少府"。西汉景帝时更名为"将作大匠"，职掌宫室、宗庙、路寝、陵园的土木营造。南朝梁代，改称"大匠卿"，北齐称"将作寺大将"。至隋代，设官署"大将监"，其长官称"将作监大监"或"将作大监"，副长官称"将作少监"。明代初期官署曾设"将作司"，不久便并入工部。

【将作曹掾】官名。见"掾"字"将作曹掾"。

【将作丞】官名。见"丞"字"将作丞"。

【将作监】官署名、官名。见"监"字"将作监"。

【将作少府】官署名、官名。见"将"字"将作大匠"和"少"字"将作少府"。

11. "郎"字与职官

"郎"（láng），小篆作𓂃，从邑，良声，形声字。"郎"本为春秋时期鲁国的地名，有两个郎邑：一个故址在今山东鱼台县东北，另一个故址在今山东曲阜市郊区。由于是邑名，所以字从邑。

郎，用作官名，意义通"廊"，表示这类官员在宫殿廊庑之下担负皇帝的侍候护卫之职，有侍郎、郎中、中郎等，通称为"郎"或"郎官"。

《后汉书·百官志》："凡郎官，皆主更直执戟，宿卫诸殿门，

出充车骑。唯议郎不在直中。"① 郎官分两类，有的备顾问咨询，议论应对，如"议郎"；有的守卫门户，出充车骑，如"中郎"。武职类的郎官要负责执戟值班，宿卫宫殿，充当车骑。文职类的郎官如议郎，则不需要。详见下文。郎官的官阶本身不高，但由于陪侍帝王于廊檐之下，便成了晋身显贵的阶梯。

西汉的张骞就是以郎官身份应募出使西域而后被封侯的。大文学家司马相如、抗击匈奴的名将李广都曾做过郎官。苏武、霍光也做过郎官，《汉书·苏武传》："少以父任，兄弟并为郎。"②《汉书·霍光传》："时年十余岁，任光为郎。"③

【兵部郎中】官名。唐代设置。兵部所属的兵部司的长官名。兵部的兵部司有郎中、员外郎各两名。郎中一人职掌武官的阶品，一人职掌差遣；员外郎一人职掌贡举，一人职掌选院。

【兵部左右侍郎】官名。唐代设置，兵部的副长官。

【承务郎】官名。隋代六部都设置承务郎，唐代改称"员外郎"，废除"承务郎"之名。

【城门郎】官名。职掌京城、皇城、宫殿诸门的开启、关闭等事。隋炀帝改"城门校尉"为"城门郎"。唐代相沿，宋代废除。

---

① 凡是郎官都轮流持戟值班，在各殿门值宿警卫，皇帝外出，担任皇帝车马的护卫。唯独议郎，不值班警卫。
② 年轻时因为父亲苏建为国立了功，苏武兄弟一起被任为郎官。
③ 当时霍光才十余岁，就任命霍光为郎官。

【从事中郎】官名。汉代大将军的属官，职掌参谋。

【工部郎中】官名。唐代，工部所属的工部司，其长官称工部郎中，掌管城池土木工程建设。副长官称员外郎。

【工部侍郎】官名。工部的副长官，隋唐宋各代均设置。明清时期，工部侍郎分左右。

【虎贲郎】官名。见"郎"字"期门郎"。

【虎贲中郎将】官名。汉平帝时期设置，负责统领虎贲郎。

【户部郎中】官名。唐宋时期，户部所属的户部司，其长官称户部郎中，副长官称员外郎，职掌户口、土田、赋役、贡献、蠲免、优复、婚姻、继嗣之事，以男女之黄、小、中、丁、老为之账籍（按性别、年龄登记户口），以永业、口分、园宅均其土田，以租、庸、调敛其物（分田用以租庸），以九等定天下之户（分户口类型），以为尚书、侍郎之贰（户部尚书、户部侍郎的辅佐）。唐代中叶以后，往往调派其他郎官来判理户部事务，户部郎中、员外郎并不能执行本身职务。

【户部左右侍郎】官名。唐代以后，户部的副长官均称户部侍郎，主要负责稽核版籍（户口册）、赋役征收等会计、统计工作。明清两代，户部侍郎设两位，称户部左侍郎和户部右侍郎。

【黄门侍郎】官名。秦汉时期皆有黄门侍郎或黄门郎，为郎官中的一种。当时宫门多油漆成黄色，此官侍奉于宫门内，故如是称。无固定员额。东汉献帝时，开始设为专官，称给事黄门侍郎。职掌侍从皇帝，传达奏命。魏晋以后因为掌管机密文书，备皇帝顾问，容易晋升，职位日重。隋炀帝时，省去"给事"二字，直呼黄门侍郎。

【校书郎】官名。职掌校勘典籍，隶属秘书省，魏晋时期设置。

【考功郎中】官名。考功是唐代吏部的第四司，考功郎中负责京官的考课，考功员外郎负责外官（地方官）的考课。考核成绩分上上、上中、上下、中上、中中、中下、下上、下中、下下九等。考核后等级进步的予以赏赐，退步的要接受处罚。除考功郎中、员外郎专管外，每年还另外派给事中、中书舍人各一人担任监中外官考使，即监考使。

【兰台郎】官名。唐龙朔二年（662年），改秘书省为兰台，秘书郎改称兰台郎。咸亨元年（670年）恢复旧称。

【郎中】官名。①管理车、骑、门户，并充当侍卫，外从作战。战国时期开始设置。汉代相沿，隶属光禄勋，位在侍郎之下。②晋代到南北朝时期，为尚书曹司的长官，负责各曹司具体事务。隋代，侍郎升为各部尚书的副官，郎中为部内各司的主官。从唐代到明清都相沿。

【郎中令】官名。见"令"字"郎中令"。

【郎中三将】车郎将、户郎将、骑郎将，此三郎将统称"郎中三将"，负责宿卫护从。汉代设置。

【礼部郎中】官名。唐代礼部郎中职掌尚书省文章之事，号称"南宫舍人"。虽然礼部在六部中为倒数第二位（唐代的六部分为三等：吏部、兵部为前行，刑、户为中行；礼部、工部为后行），排行靠后，但礼部郎中因掌尚书省文章，非有文名不居此官，为当时清贵之官。担任此官的大都按次升迁为"知制诰"（制诰，撰拟诏旨）。见"知"字"知制诰"。

【礼部侍郎】官名。唐代设置，礼部的副长官。明清时期，礼部侍郎分左右。

【吏部郎中】官名。唐代，吏部郎中有二人，吏部本司司长，除了负责吏部本司事务，还要负责流外官的选补。

【吏部左右侍郎】官名。唐代设置，吏部的副长官。

【门下侍郎】官名。秦汉时期，原名黄门侍郎，本来是君主的近侍官。唐天宝元年（742 年）改称门下侍郎，成为门下省长官侍中的副官。

【秘书郎】官名。职掌图书经籍（如图书收藏和抄写）。东汉始置，大学者马融曾任此官。魏晋时期设置秘书省，下设秘书郎，或称"秘书郎中"。南朝贵族子弟初入仕途，多以此为美官，故当时有"上车不落则著作，体中何如则秘书"① 的说法。说明当时不少担任秘书郎的贵族子弟实际上徒有虚名，并无真才实学，不任其事。

【期门郎】官名。掌执兵扈从护卫。"期诸殿门"，在殿门守

---

① 只要不从车上掉下来的小孩，就可以当著作郎；只要能在信中写几句问候的话，就可以当秘书郎。

候待命，所以称期门郎。西汉设置，隶属光禄勋，长官为期门仆射。汉平帝时期，改称"虎贲①郎"，长官称"虎贲中郎将"。

【起居郎】官名。职掌记录天子的起居法度。据《新唐书·百官志》记载，唐代门下省设置起居郎两名。天子在正殿，则起居郎在左边，起居舍人在右边。皇帝有诏命，则伏在台阶上听，退下后书写记录，一定时间后，把记录交给史馆。贞观初年，以给事中、谏议大夫兼任知起居注或知起居事，每逢讨论政事，起居郎一人就执笔上前记录，史官随之。后来又增设起居舍人，分别侍奉左右，秉笔随宰相入殿。

【尚书郎】官名。东汉时期，选取孝廉中有才能的入尚书台，在皇帝左右处理政务。初入台称"守尚书郎中"，满一年称"尚书郎"，三年称"侍郎"。魏晋以后尚书各曹有侍郎、郎中等官，综理政务，通称"尚书郎"。《乐府诗集·木兰诗》里就有"木兰不用尚书郎"的诗句。

【侍郎】官名。"侍郎"之名始于汉代，是郎官的一种。侍郎的官秩比郎中略高。唐代主管六部各司司务的官员为郎中、员外郎，而侍郎则为尚书的副官。

【水部郎中】官名。水部是唐代工部第四司，水部郎中、员外郎职掌津济、船舻、渠梁、堤堰、沟洫、渔捕、运漕等事。实际上与当时的都水监、虞部（工部第三司）职能有重复之处，漕

---

① 贲，通"奔"。虎贲，言如猛虎之奔走，喻其勇猛。

运也别有临时专设之官职掌。

【司封郎中】官名。司封是唐代吏部的第二司，司封郎中负责管理封爵之事。宋代司封郎中则负责官封、叙赠、承袭之事。

【司门郎中】官名。司门是唐代刑部的第四司，司门郎中、员外郎负责检查门关出入的名籍和没收犯禁、无主之物。

【司勋郎中】官名。司勋是唐代吏部的第三司，司勋郎中、员外郎专门负责勋官的评级。勋官是用来计算文武官员资历的根据。唐诗《黄鹤楼》的作者崔颢就曾担任司勋员外郎。

【屯田郎中】官名。起源于晋代以后的屯田尚书，隶属工部。唐代工部第二司屯田郎中、员外郎职掌天下屯田、文武官的职田和公田。但实际上屯田久已有名无实。

【文林郎】散官（或称阶官）名。散官是有官名而无实际职务的职官，有文散官和武散官两大类。文林郎是唐宋以来的文散官的一种。唐宋时期，文林郎为文散官第二十八阶，从九品上。金代升为正八品，元代升为正七品。

【五官灵台郎】官名。职掌观测天象。唐代司天监（后改称司天台）属官有春官、夏官、秋官、冬官、中官灵台郎，各一人，总称五官灵台郎，参见"正"字"五官正"。

【五官中郎将】官名。汉代设置，主管五官郎。属官有五官中郎、五官侍郎、五官郎中。

【夕郎】黄门侍郎的别称。据《汉官仪》记载，黄门侍郎日暮时分入内廷，对青琐门拜，所以称为夕郎。

【协律郎】官名。音律技术官。从北魏时期开始设置，历代多相沿设置，多隶属太常寺。清代废除。

【刑部郎中】官名。唐代刑部本司的郎中（刑部司司长）、员外郎（刑部司副司长）职掌法律和判决案件。

【刑部侍郎】官名。唐代设置，刑部的副长官。

【议郎】官名。职掌顾问应对。西汉设置，隶属光禄勋。郎官的一种，不需要值班宿卫，官秩也比中郎、侍郎、郎中等略高。东汉时期，地位更高，可以参与朝政。

【右中郎将】官名。汉代设置，主管右署郎。属官有中郎、侍郎、郎中。

【羽林郎】官名。负责宿卫侍从。据《汉书·百官公卿表》颜师古的注释，羽林是宿卫之官，名为羽林，意为羽林郎速度像羽族一样快，像林一样多。一说羽象征羽林郎为王者羽翼。

【羽林中郎将】官名。汉平帝时期设置，负责统领羽林军。

【员外郎】官名。本指设于正额以外的郎官。隋代在尚书省二十四司各设置员外郎一人，为各司之次官（相当于副司长，郎中是正司长）。

【中郎】官名。秦代设置，为近侍之官。汉代相沿，隶属郎中令（光禄勋）。分五官、左、右三署，置将领之，其长官称"中郎将"，也通称"中郎"。东汉蔡邕也曾为左中郎将，世称"蔡中郎"。

【中郎将】官名。①秦代设置中郎，到西汉时期分五官、左、右三中郎署，各置中郎将以统领皇帝的侍卫，隶属光禄勋。中郎将相当于皇家卫队的长官。②东汉武官的级别分将军、中郎将、校尉三级。

【中书侍郎】官名。晋代开始设置，是中书省长官中书监和中书令的副官。隋代避杨忠讳，改称"内史"或"内书侍郎"。唐代一度改称"西台侍郎""凤阁侍郎""紫微侍郎"，后来恢复旧称。唐宋时期多以"中书侍郎同中书门下平章事"为宰相的职衔。因为中书令权势太重，一般不轻易授予，所以中书侍郎常常是实际上的中书省长官。南宋时期废除。

【主客郎中】官名。主客是唐代礼部的第三司，主客郎中、员外郎职掌以宾礼接待外国及前朝后裔。

【著作郎】官名。主要负责修撰国史。著作郎又称"大著作"，其下有多位著作佐郎。

东汉学者多集中在东观（东汉宫廷中贮藏档案、典籍和从事校书、著述的处所）编撰图书。历代相沿，均是宫中设置文学著作的机构，如三国时期魏国有崇文观，南朝宋有总明观，南朝齐有寿光省，南朝梁有士林馆，北朝齐有文林馆，北周有麟趾殿，都安排有学士，但不是正式官职。专门负责著作的正官，是从三国魏时期开始的，设置著作郎一人、佐郎一人，隶属中书省，后来改隶属秘书省。

唐代设置著作局，著作郎为其长官，职掌撰拟文字，曾一度改称"司文郎中"。副官为著作佐郎。属官有校字、正字。当时国史的修撰别设史馆负责，著作郎仅负责撰写碑志、祝文、祭文等。

宋代的著作郎负责汇编"日历"（每日时事）。元明清废除。

【著作佐郎】官名。见"佐"字"著作佐郎"。

【左中郎将】官名。汉代设置，主管左署郎。属官有中郎、侍郎、郎中。

12."理"字与职官

"理"（lǐ），小篆作**理**。从玉，里声，形声字。《说文·玉部》："理，治玉也。"① 朱骏声《说文通训定声》："顺玉之文而剖析之。"② 理的本义是加工未经雕琢过的玉石，也就是顺着玉的纹理把它从璞石中剖分出来。《韩非子·和氏》："王乃使玉人理其璞而得宝焉。"③

治玉要顺其纹理，执法要据实行事，所以"理"引申出整理、治理的意思。《诗经·小雅·信南山》："我疆我理，南东其亩。"④

古代处理诉讼案件也叫作"理"。《史记·平准书》："张汤

---

① 理，指治理玉石。
② 顺着玉石的纹理来雕琢。
③ 文王于是派玉匠雕琢璞石，从中得到了宝玉。璞，未经雕琢的玉石。
④ 我划定田界、整理田土，分成向南或向东的田亩。

用峻文决理为廷尉。"① 理狱的官员也就叫理。《汉书·司马迁传》："而为李陵游说，遂下于理。"② 又如"大理"等，见下文。

【大理】官名。春秋战国时齐国开始设置。职掌刑狱。本为秦汉的"廷尉"，西汉汉景帝、哀帝、东汉献帝时都曾将"廷尉"改名"大理"。北齐时期改称"大理寺卿"，历代相沿。

【大理丞】官名。见"丞"字"大理丞"。

【大理评事】官名。隋代设置，隶属大理寺。职掌同大理司直，负责案件审理。后代相沿。见"理"字"大理司直"。

【大理司直】官名。职掌出使受理州府疑案。他们若是承制推讯，到地方去便具有钦差大臣的高贵地位。

【大理正】官名。秦汉时期设置"廷尉正"，辅佐廷尉处理狱事。隋唐以后，称"大理（寺）正"，负责审查大理丞所断案件，根据刑法科条参议用刑之轻重，纠正断狱不当的地方。

---

① 张汤用严峻的法律审判案件从而做到廷尉。
② 以为我为李陵开脱罪责，于是就把我交给狱官治罪。

【校理】官名。唐代弘文馆、集贤院设置，职能相当于正字、校书。见"正"字"正字"。

【理问】地方官名。职掌勘劾刑名诉讼（根据法律规定审理案件，核实定罪）。元代设置，隶属行中书省。明清时期隶属布政使司。

【廷理】官名。春秋时期，楚国的司法官，掌刑狱。

13. "令"字与职官

"令"（lìng），甲骨文作𝔸，字形上方𝔸为木铎的铎身，短横表示铃舌。字形下方是一个朝左而跪坐着的人，像在发布命令。郑玄注《周礼·天官·小宰》："古者有新令，必奋铎以警众，使明听也。"① 今天楷书"令"的形体，已经讹变，下面的形体已经看不出是"人"了。

"令"的本义指发布命令。《说文·卪部》："令，发号也。"②《论语·子路》："其身正，不令而行；其身不正，虽令不从。"③

---

① 古代朝廷有新的政令要颁布天下，官吏就到地方里摇大铃。听到铃声，百姓就集中过来，听政令的颁布。奋，振动。铎，大铃铛。警，告诫。
② 令，发布号令。
③ 统治者自己行为端正，不发命令，事情也行得通；自己行为不端正，即使发了命令，百姓也不听从。

政府官员可以发号施令，于是"令"引申为官名。如"郎中令""中书令"等，见下文。

【北宫卫士令】官名。职掌北宫卫士。汉代设置。

【车府令】官名。职掌皇帝的车舆。汉代设置，或隶属太常，或隶属太仆。

【祠祀令】官名。职掌诸小祠祭祀。汉代设置，由宦官担任。

【大农令】汉景帝一度改"治粟内史"为"大农令"。见"史"字"治粟内史"。

【大行令】官名。职掌外国使节来访接待等事。前身为秦代典客，汉景帝中元六年（前144年），改名"大行令"。汉武帝太初元年（前104年），改名大鸿胪，属官有行人、译官、别火三令丞。见"卿"字"鸿胪寺卿"。

【典厩署令】见"典"字"典厩署令"。

【都内令】官名。掌管宫中钱库。汉代设置，隶属大司农。

【符节令】官名。秦朝设有符玺令，汉代改称符节令，掌管天子印玺及国家的符节。隶属少府。其佐官称符节丞。此后历代沿置，唐宋称符宝郎，隶属门下省。明代称尚宝司卿。

【公车令】官名。汉代设置，隶属卫尉，掌宫廷南阙门（即司马门）之警卫和接待臣民上书与征召，是汉代宫门的传达官。又称"公车司马令"。

【公主家令】官名。汉代设置，每位公主设置家令一名。

【关令】地方官名。唐代在上关、中关、下关设置关令和关丞，负责稽查行人，查看过所（唐代的护照）。

【黄门令】官名。汉代设置，由宦官担任，管理宫中宦官，负责服侍左右，通报内外。

【籍田令】官名。职掌皇帝亲耕之事。汉代设置，隶属大司农。

【津令】官名。职掌津济舟梁。唐代设置。

【均输令】官名。职掌物资供应。汉代设置，隶属大司农。

【考功令】官名。主要负责制作弓弩刀剑铠甲等兵器。汉代设置，隶属太仆。

【郎中令】官名。秦代开始设置，汉初沿用此称，汉武帝时期改称光禄勋。郎中令因其主管郎（廊）内诸官，所以称郎中令。郎中令职掌守卫宫殿门户，是皇帝左右亲近的高级官职，属官有大夫、郎、谒者及期门、羽林宿卫官。

【牧令】见"牧"字"牧令"。

【南宫卫士令】官名。职掌南宫卫士。汉代设置。

【内者令】官名。职掌宫中帷帐及诸衣物。汉代设置，隶属少府。

【平准令】官名。职掌物价调节。汉代设置，隶属大司农。

【上林令】官名。汉代设置，隶属少府，主管上林苑中鸟兽。汉代以后皇家的苑囿虽非汉代的上林，掌管苑囿的官员仍称上林令。

【尚方令】官名。尚方是制备宫廷器用的机构，汉代设置，隶属少府，主官称尚方令。现在影视作品里常出现的具有先斩后奏权力的"尚方宝剑"，正是由尚方所制造的皇室御用宝剑，故名"尚方宝剑"，汉代称"尚方斩马剑"。

【尚书令】官名。秦代开始设置，西汉相沿，本隶属少府，专管奏章文书。尚书令是尚书台的主官。汉武帝为加强皇权，政务渐集中于内廷，尚书因亲近帝王且掌奏章文书，职权渐重。尚书令逐渐成为直接对帝王负责，总揽一切的要职。隋炀帝杨广、唐太宗李世民在登基前都担任过尚书令。因唐太宗当过尚书令，这个官职就不再轻易授予官员，尚书仆射成为尚书省的实际首长，与门下侍中（门下省首长）、中书令（中书省首长）并称宰相。

【食官令】官名。职掌望晦时节祭祀。汉代在皇帝陵每陵各设置一人，隶属太常。

【市令】地方官名。主要负责管理市场。汉代，长安、洛阳设置，有次官市丞，分别隶属京兆尹、河南尹。

【守宫令】官名。职掌御用纸笔墨和尚书财用诸物及封泥。汉代设置，下有次官守宫丞。

【署令】官名。北齐以来，九寺等中央机构下属各署的主官多称署令，或称署长。多有署丞为之佐。

【太仓令】官名。职掌国家粮仓。汉代设置，隶属大司农，有次官太仓丞。隋唐设置太仓署，主官为太仓令。太仓是国家的粮食总仓库。

【太官令】官名。职掌皇家膳食。汉代设置，隶属少府，北齐后隶属光禄寺。太官令下的属官有尚食、尚席等七丞。亦作"大官令"。

【太庙令】官名。主管太庙事务。魏晋时期，设置"太庙署"，主官为太庙令，太庙丞为之佐。唐代废除"太庙署"，太庙事务归属宗正卿。金元时期复设。明清废除。

【太社令】官名。主管祭社事务。南北朝时期设置，隶属太常寺。隋唐时期，太常寺下设郊社署，其主官称"郊社署令"，也称"太常令"。

【太史令】官名。职掌天象历法。商周时期，为史官、历官之长，地位较高。秦汉相沿。后代，太史令地位降低。

【太医令】官名。职掌皇家医药。太医令之名战国时期已经出现，秦国的太医令李醯曾因技不如人，心生嫉恨，派人刺杀名医扁鹊。西汉太常、少府下都有设太医令，东汉太常下不再设太医令。唐代在太常寺下设太医署，主官为太医令，太医丞为之助。明清时期，改称"太医院"，其主官称"太医院院使"。

【太乐令】官名。职掌祭祀和飨宴的乐舞。秦代设置。汉代相沿，隶属奉常（太常）。

【太宰令】官名。秦汉时期，太宰令为太常所属诸令、长之一，有次官太宰丞。职掌宰工、鼎俎、馔食等物，国家举行祭祀时，负责陈列食具。汉代以后废除。

【太祝令】官名。职掌祭祀祈祷。汉代设置，隶属太常。

【太子家令】官名。太子家总管，管理太子仓谷饮食，类似少府的职能。汉代设置，隶属詹事府，为太子属官。

【太子食官令】官名。负责太子日常饮食。汉代设置，为太子属官。

【汤官令】官名。主饼饵。汉代设置，隶属少府。下有次官汤官丞。东汉时期省去汤官令，而在太官令下设置汤官丞一人，负责酒水。

【武库令】官名。职掌武器储藏，但不负责制造。汉代设置，隶属执金吾。魏晋以后，有时隶属卫尉，有时隶属尚书库部。唐代虽仍有武库令之名，但职能已转变。

【县令】地方官名。秦汉以来，以县为地方行政基层单位，以令为主官，以丞为次官，以尉主兵事。县令为一县之长，敦导地方风纪，劝民农桑，征收赋税，兴修水利，抚恤孤穷，躬亲狱讼，维持治安，是所谓"亲民"之官。县令主要负责治理全县民众，管理财政、司法、狱讼和兵役。秦汉时期，满万户的县，行政长官称县令；不满万户的县，行政长官称县长。

【掖庭令】官名。汉代设置。本为"永巷令"，汉武帝改为"掖庭令"。见"令"字"中宫永巷令"。

【译官令】官名。职掌通译外国语言。汉代设置，隶属大鸿胪，有次官译官丞。

【乐府令】官名。汉代乐府是搜集乐歌的机构，主官为乐府令，有次官乐府丞。隶属少府。汉哀帝时废除。

【织室令】官名。职掌皇室丝帛的织造和染色。汉代初期，设置东西两织室。汉成帝时，省去东织，把西织改名织室，隶属少府，主官称织室令，有次官织室丞。东汉废除织室令，只设织室丞。唐代少府监也设置有织染署。

【中藏府令】官名。职掌宫中币帛金银等库藏。汉代设置，隶属少府。

【中大夫令】汉景帝一度改"卫尉"为"中大夫令"。见"尉"字"卫尉"。

【中宫私府令】官名。职掌皇后宫中藏币帛等物，包括皇后宫中衣被裁剪、修补、洗浣等事。汉代设置，隶属大长秋，由宦官担任，有次官私府丞。

【中宫谒者令】官名。职掌报皇后章奏事。汉代设置，隶属大长秋，由宦官担任。

【中宫永巷令】官名。负责管理宫人。中宫是古代皇后的居所，故以中宫代称皇后。汉代设置，由宦官担任，有次官永巷丞。永巷为汉代宫中幽禁有罪的妃嫔或宫女的处所。

【中书令】官名。①负责为皇帝处理文书收发事务，并兼谒者之职，负责引见传达。西汉武帝时期让宦官掌管尚书，其主官称"中尚书谒者令"，简称"中书谒者令"或"中书令"。如汉武帝时期，司马迁受宫刑后出任中书令。②唐代中书省的主官称"中书令"，相当于宰相，由士人担任。唐初名相房玄龄、名将李靖都曾担任过中书令。奸相李林甫、杨国忠也都担任过中书令。

【中校令】官名。职掌舟车兵仗厩牧。秦代始设，汉代相沿，隶属将作大匠。唐代改设中校署，也置"令""丞"，隶属将作监。

【宗人令】官名。明代宗人府的主官，下属有左右宗正各一人，左右宗人各一人，负责掌管皇族属籍，按时修缮玉牒，记录宗室成员嫡庶、封号、嗣袭、生卒、婚嫁、谥葬等事，还负责宗室内部的选贤举能和犯罪惩处。宗人府主要主官一般由皇族担任。

14. "仆"字与职官

"仆"（pú），甲骨文作鸳，楷书作僕，今简化合并作仆。甲骨文"仆"是一个象形字，字形像一个人，身后有尾饰，两手捧着一个簸箕，簸箕上还有尘土，表示从事洒扫等工作，人的头上有一个标记𐊪，为刑刀，表示此人是奴隶身份。楷书"僕"讹变为从人菐声，成为形声字。简化字"仆"本是仆倒的仆，简化时，"僕""仆"合二为一，统作"仆"。

《说文·人部》："仆（僕），给事者。"①"仆（僕）"的本义是奴隶的一个级别，后泛指奴隶、奴仆。《诗经·小雅·正月》："民之无辜，并其臣仆。"②

古代官吏实际上也就是为君王服务的高级仆人。以"仆"为官名，大概取义于此。如"太仆""仆大夫"等，见下文。

【仆大夫】官名。先秦的官名，职掌宫内之事。

【仆射】官名。仆射是领班、主管的意思。古代重视武官，主射者掌事，所以诸官之长称仆射。秦代已经有仆射。汉代在军官、尚书、博士、宫人等中普遍设置仆射。被任命为"仆射"的，就负责本部门的事。汉成帝建始四年（前29年），初置尚书五人，一人为仆射，位仅次尚书令，职权渐重。后来其他仆射名称逐渐不用，只保存了"尚书仆射"，才变为专官。南北朝在尚书省设置令一人以外，还设置左右仆射各一人。仆射虽为副职，但与令的地位不相上下。官居仆射的，也就是执政的人。所以，当时令、仆经常并称，都称为"朝端"或"端右"。唐宋相沿，称为"端揆"。左仆射称"左揆"，右仆射称"右揆"。

唐代因唐太宗李世民即位前担任过尚书令，所以尚书令不轻易授人，经常以左右尚书仆射代居尚书令之位。宋代左右仆射成

---

① 仆，供给役使的人。
② 人们的没有罪过，还累及他们的奴仆。

为实际意义上的左右丞相。宋徽宗时期，改左右仆射为太宰、少宰，到南宋孝宗时期，改为左右丞相。此后仆射之名废除。

【仆正】官名。职掌车马、厩牧、弓箭、马鞍、辔头等事。金代设置，隶属詹事院。

【期门仆射】官名。主管期门郎，职掌执兵侍从护卫。汉代设置。汉平帝元始元年（1年），"期门郎"改称"虎贲郎"，长官"期门仆射"改称"虎贲中郎将"。

【尚书仆射】官名。本为唐代最高行政机构三省之一的尚书省的副首长，尚书省的最高首长是尚书令，但是唐太宗以后空置，尚书左、右仆射成为实际上的最高首长。尚书左仆射分掌吏、户、礼三部，尚书右仆射分掌兵、刑、工三部。唐初名相房玄龄担任过尚书左仆射；名相杜如晦担任过尚书右仆射。

【太仆】官名。①据《周礼》，夏官大司马的属官有太仆，主要职掌传达王命、侍从出入。②秦汉以后，太仆负责天子舆马。北齐时期设置太仆寺，长官为太仆卿，见"卿"字"太仆卿"。

【太子仆】官名。汉代设置，主掌太子车马。

【谒者仆射】官名。主管谒者，职掌朝廷礼仪与传达使命。汉代设置，谒者台的长官。

【中宫仆】官名。负责为皇后驾车。中宫，皇后居住之所，借指皇后。西汉时期称中宫太仆。东汉改称仆，用宦官担任中宫仆，隶属大长秋。

15. "卿"字与职官

金文"卿"

"卿"（qīng），甲骨文作 ，金文作 ，小篆作 。甲骨文、金文字的两边是相向而坐的两个人，中间放着一个食器，食器中装满了食品，两人正在享用。字的本义是指"两人对食"。小篆的写法大体相似，但今天的楷书写作"卿"，则完全看不出"两人对食"的样子。

"卿"又假借以表示高官名。卿是古代天子和诸侯属下的一种高级官员，在公之下，大夫之上。《左传·僖公二十七年》："命赵衰为卿。"秦汉以前有六卿，秦汉有九卿，北魏在正卿下还有少卿。以后历代相沿，清末始废。如"正卿""太常卿"等，见下文。"卿"还用作爵位名。如"上卿""亚卿"等，亦见下文。

由于"卿"借作官名，那么它本来表示的"两人对食"义就另造"饗"（xiǎng）来表示。"饗"，今简化为"飨"，词语有"宴飨"等。

【大理卿】官名。上古时代，职掌刑法的官称"大理"，皋陶曾担任此官。秦汉时期，改称"廷尉"。隋朝重新设置"大理寺卿""少卿"。北齐设置"大理卿"，成为九寺九卿之一。后世相沿。

【光禄卿】官名。掌管宫殿门户的守卫。秦代设置"郎中令"，汉代改名"光禄勋"，成为九卿之一。南朝梁改称"光禄卿"。后世称"光禄寺卿"。其职责由守卫宫殿门户逐渐转为掌管皇室膳食、宫中器物等宫廷杂务，实际上承担了汉代少府的部分职能。

【鸿胪寺卿】官名。"鸿"有大的意思，"胪"指传告，"鸿胪"指大声传告。掌管外宾朝觐、吉凶吊唁等事务。周代称"大行人"，秦代称"典客"，汉初称"大行令"，汉武帝时期改称"大鸿胪"，又曾改名"主客"，隋唐后称"鸿胪寺卿"。

【九卿】汉代以太常、光禄勋、卫尉、太仆、廷尉、鸿胪、宗正、大司农、少府为"九卿"。

【六卿】据《周礼》记载，天官冢宰，地官司徒，春官宗伯，夏官司马，秋官司寇，冬官司空，是为六卿。

【命卿】春秋时期，各国的执政卿都要由国君任命，这一程序叫作"受命"。同一个人可以多次受命，称"一命""再命"，接受命数越多越尊贵。春秋时期诸侯的卿最多可任命三次，成为"三命"。"受命"之后就称为"命卿"。

【卿士】官名。①西周设置有卿士寮和太史寮。卿士寮负责军事、行政、司法、外事等。卿士寮的长官称"卿士",又作"卿事""卿史",是王室的最高政务官。②春秋时代,对"卿""大夫""士"三个等级的官亦统称"卿士"。

【上卿】爵位。宗周和诸侯国都有卿,卿分上中下三等,最尊贵者称为"上卿"。大国和小国之间的"卿"地位不相当。次国的上卿相当于大国的中卿,小国的上卿相当于大国的下卿。战国时期相沿,一般只享受一定的俸禄、待遇,而无封地。如蔺相如因为功劳卓著被拜为赵国的上卿,淳于髡被齐威王封为齐国的上卿。

【少府卿】官名。少府的长官,总理皇室财政、宫廷用品供应及各项宫廷服务等,见"少府"。始于战国,秦汉相沿,九卿之一。

【十二卿】汉代除了太常、光禄勋、卫尉、太仆、廷尉、鸿胪、宗正、大司农、少府"九卿"外,加上职掌京师治安的执金吾,职掌宫室、宗庙、陵寝等土木营建的将作大匠,职掌宣达皇后旨意和管理宫中事务的大长秋,即"十二卿"。

【司农寺卿】官名。起源于秦代"治粟内史",汉代改名"大司农",掌管租税钱谷盐铁、国家财政收支。北齐时期,设置"司农寺",置"卿""少卿"为其正副长官,职责同"大司农"。宋代,司农寺长官称"司农寺卿""司农寺少卿"。见"司"字"大司农"。

【太常卿】官名。秦代设置"奉常",汉景帝中元六年(前

144年）改为"太常"。"太常"寓意国家强盛常存。秦汉时期为"九卿"之一。太常主要掌管宗庙祭祀、宫廷礼乐等。其长官称"太常卿"，又称"太常寺卿"。古人重视祭祀活动，认为太常职掌重要，职位尊贵，所以排在九卿之首。

【太府寺卿】官名。又名"大府"。周代设置，掌管府藏、财货、贸易、会计之事。其职能后被司农和少府取代。北周沿用周制，设置太府中大夫，掌管贡赋财货。北齐设"太府寺"，设置"太府寺卿"为长官，负责收藏宫廷财宝之事。明代废止。

【太仆卿】官名。掌管天子车马，兼管全国的马政。周代设置"太仆"，秦汉时期沿置，位列九卿。北齐设置"太仆寺"，长官称"太仆寺卿"。天子有重要出行活动时，太仆卿要亲自为天子驾车。据《尚书·周书·冏命》序，周穆王命伯冏为太仆正，作《冏命》，所以后世多称"太仆寺卿"为"冏卿"。

【廷尉卿】官名。国家最高司法官。东汉设置"廷尉卿"。起源于秦汉时期的廷尉，为九卿之一，职掌刑狱，见"尉"字"廷尉"。后世改称"大理""大理寺卿"。见"理"字"大理"。

【卫尉卿】官名。战国时期，秦国设置卫尉，统辖卫士，负责宫门的屯兵守卫。秦汉时为"九卿"之一。汉景帝时曾一度改为"中大夫令"，后又恢复"卫尉"。北齐时期设置"卫尉寺"，置"卿"和"少卿"为正副长官。到唐代时，卫尉卿职责有所改变，仅负责天子仪仗、帐幕等事。明代废此官名。

【下卿】爵位。周天子与诸侯身边的高级长官称"卿"，卿分上、中、下三等。但大国和小国之间的"卿"地位不相当。《史记》记载，周天子想以上卿之礼接待齐国的管仲，作为诸侯国的执政卿管仲为表示对周王室的尊重，再三推让，坚持以下卿之礼接受召见。

【亚卿】爵位。①对职位次于正卿的卿称亚卿。②春秋末期，奖赏功劳的爵位之一。位在上卿之下，上大夫之上。战国时期相沿，一般只享受一定的俸禄、待遇，没有实际封地。如乐毅就被燕昭王拜为亚卿。

【正卿】春秋时期，诸侯国的最高执政大臣，权力仅次于国君，是对执政当权的上卿的称呼。如赵盾就是晋国的正卿。

【中卿】爵位。卿爵的第二级。

【宗正卿】官名。九卿之一。宗，宗族；正，长官。宗正为管理王室宗亲事务的长官，由皇族担任。宗正还负责举荐宗族中的贤能子弟。汉代一度更名为"宗伯"。东汉时，设置"宗正卿"。晋代一度并入太常。隋唐宋时期，设置"宗正寺"，长官为"宗正寺卿"。明代改设"宗人府"，长官为"宗人令"。

二、汉字与中央职官（下）

1. "尚"字与职官

"尚"（shàng），金文作 尚，小篆作 尚，从八，向声，形声字。《说文·八部》："尚，曾（增）也。""尚"的本义是增加。《礼记·中庸》："《诗》曰：'衣锦尚絅。'恶其文之著也。"①

由"增加"义引申出"高出、超过"义。《论语·里仁》："好仁者，无以尚之。"② 再由"高出、超过"引申为"尊尚、注重"。《论语·宪问》："尚德哉若人！"③

"尚"又引申为"主管"，特指掌管帝王私人事务。《史记·吕太后本纪》："襄平侯通尚符节。"④ 与"尚"相关的官名，取义于此，表示管理某事务的官员。如"尚书""尚衣"等，见下文。

---

① 锦衣外面再加上麻纱做的单罩衣，不想锦衣的花纹太过华丽、明显。
② 爱好仁德的人，没有其他品行能超过的了。
③ 这个人多么尊尚道德啊！
④ 襄平侯纪通掌管符节。通，指纪通，人名。

【兵部尚书】官名。职掌武选、地图、兵马、甲械之政。兵部的最高长官。兵部不直接带兵，只负责六品以下武官的选授、考课和武举，以及军令、军籍和中央一级的军训。相当于《周礼》中的夏官大司马，后世以大司马作为兵部尚书的别称。唐高宗一度改兵部尚书为"司戎大常伯"或"夏官尚书"，后来恢复旧称。

【工部尚书】官名。职掌工程建设。工部的最高长官，相当于《周礼》中的冬官大司空，隋代开始以"工部尚书"为官名。唐宋以后，以工部为六部中最末位一部，所以尚书、侍郎、郎官的升迁总是从工部开始递升。工部尚书是尚书中资历最浅的。

【户部尚书】官名。职掌国家财政经济，包括土地、户籍、赋税、统筹国家经费等。户部的最高长官。其官职由《周礼》的地官司徒演变而来。汉代设置尚书郎四名，其中一人主掌财帛收支。魏文帝时期，设置度支尚书寺，专管军用财政输出。隋代改称"民部"，唐代避李世民讳改称"户部"，后一度改更，最终还是定为"户部"。宋元明清相沿未改。

【礼部尚书】官名。职掌礼仪、祭祀、宴飨、贡举等政令。礼部的最高长官，相当于《周礼》中的春官大宗伯。唐代一度改称"司礼太常伯"或"春官尚书"，后来又改回旧称。

【吏部尚书】官名。掌管天下官吏的任免、考课、升降、勋封、调动等事务。吏部的最高长官。吏部尚书居六部之首。吏部掌用人之权，常能把持朝局。吏部尚书类似于《周礼》里的天官冢宰，所以又别称天官、冢宰或太宰。

【六尚】①汉代沿袭秦制，设置"六尚"，尚书、尚冠、尚衣、尚沐、尚席、尚食，隶属少府。②隋代殿内省所属有尚食、尚药、尚衣、尚舍、尚乘、尚辇六局。唐代改殿内省为殿中省，设置与隋代相同。宋代殿中省没有尚乘，另外设置尚酝。③六部尚书的总称。④隋唐时期女官也有六尚，分别为尚宫、尚仪、尚服、尚食、尚寝、尚工。

【尚宝】官名。明代负责掌理宝玺、金银、符牌等事的官。

【尚服】官名。职掌帝王衣冠。战国、秦、汉都设置。

【尚宫】官名。隋唐有尚宫局，设尚宫二人，为宫官的首长，掌管导引皇后，协助总理宫务。

【尚辇】官名。职掌帝王舆辇伞扇。汉魏晋时期其职能归属太仆属官车府令，东晋归属尚书驾部，南朝由车府、乘黄令丞掌管，北魏、北齐由乘黄、车府兼掌。隋炀帝时期开始另建尚辇，为殿内省六局之一。唐代隶属殿中省。

【尚寝】官名。隋炀帝建尚寝局，尚寝为主官，辖司设，掌床席帷帐，铺设洒扫；司舆，掌舆辇伞扇，执持羽仪；司苑，掌园内种植蔬菜瓜果；司灯，掌火烛。四司各二人。下有典、掌、女使。唐承隋制。宋有司寝等名目。辽亦置，金与明初均依唐制。明永乐后，职尽移于宦官。

【尚舍】官名。职掌宫殿陈设及出行时帐幕等。汉代有守宫令、丞，隶属少府。魏晋以来，尚舍职责并入殿中监。隋代开始设置尚舍局，隶属殿中省。唐宋相沿，明代废除。

【尚食】官名。职掌帝王膳食。秦汉开始设置，东汉以后将尚食的职责并入太官、汤官。北齐时期，门下省设有尚食局，长官叫典御，隋代改称奉御。唐宋相沿，隶属殿中省。明代改称尚膳监。

【尚书】官名。本是掌管文书的宫中小官，后逐渐演变成处理中央政务的朝廷大员。战国时期，齐秦两国设置有尚书，有时又作"掌书"。秦代，少府派遣吏四人在殿中管发书，称为尚书。诸臣上书，都要分写两份，一份作为副封。尚书受书后，先拆看副封，如果觉得文意不佳，便不予上奏。对于皇帝颁布的诏令，尚书也留有底稿备查。大臣上奏，常使尚书诵读奏书内容。大臣有罪，也命尚书问罪状。

汉武帝加强皇权，因尚书在皇帝身边办事，掌文书奏章，地位逐渐变得重要。汉成帝时期，设置尚书五人，开始分曹（曹，相当于现代的科）治事。汉光武帝时期，为加强独裁，防止臣子专权，将政务中枢从三公府移入宫廷，由尚书协助皇帝处理政务。魏晋以后，尚书的职务益繁，职权渐重。

隋代开始分六部，唐代确定了三省六部制度。尚书省成为中央最高政务机构三省之一，负责政令执行。尚书省的长官称尚书令，次官为尚书左、右仆射。隶属尚书省的六部首长称某部尚书，如吏部尚书、户部尚书等。

【尚席】官名。掌理宫中筵席。

【尚衣】官名。掌管帝王衣服。汉代有御府令、丞，隶属少府。后代相沿，北齐时期开始在门下省设置主衣局；隋代改为尚衣局，隶属殿内省。唐宋相沿，唐代隶属殿中省。明代改为尚衣监。

【刑部尚书】官名。职掌全国司法和刑狱。刑部的最高长官，相当于《周礼》中的秋官大司寇。

【中宫尚书】官名。汉代设置，由宦官担任，职掌皇后宫内文书，隶属大长秋。

2. "少" 字与职官

"少"（shào），本读 shǎo。甲骨文作 ⠬，金文作少，小篆作 ⿱少。"少"的甲骨文字形像散落的四个小点，它的意义皆同"小"。后代的字体皆承甲骨文而来。《说文·小部》："少，不多也。"本义指数量少。音 shǎo。《孟子·梁惠王上》："邻国之民不加少，寡人之民不加多。"①

引申为年幼，年轻。变读 shào。《论语·公冶长》："老者安之，朋友信之，少者怀之。"②

---

① 邻国的老百姓没有更加少，我的老百姓也没有更加多。加，更加。
② 老人使他安逸，朋友使他信任我，年轻人使他怀念我。

又引申为副职以及在同等级中较低的，读 shào。如"少师""少傅""少保"等，见下文。

【少保】官名。见"保"字"少保"。

【少臣】官名。商周时期设置，见"臣"字"小臣"。

【少府】①官名并官署名。始于战国，秦汉沿置。秦汉时，作为职官，少府为九卿之一；作为官署，少府为皇帝之私府。少府掌管山海池泽之税和皇室手工业制造，供皇室之用。西汉时期，田租、口赋等收入归"大司农"（后代又称"司农寺卿"），属于国家财政收入。而山海池泽之税等收入称为"禁钱"，属于皇帝宫廷收入。"少府"专管皇帝宫廷财政，相当于皇帝的私库，相对于周代的"太府"、汉代的"大司农"关系国家财政而言，是为私用、小用，故名"少府"。另外，举凡皇帝衣食起居、医药供奉、器物制作等宫廷建设、宫廷杂务，皆归少府所领。由于管辖范围广、事务多，少府的属官很多。

东汉时期，光武帝将收取山海池泽之税之职转移到大司农，从此国家财政与帝王财政不分。且原属少府的尚书和宦官权势渐大，逐渐独立出来。少府的职权范围逐渐缩小，成为仅负责掌管宫中服饰、宝货、珍膳等的一种机构。

魏晋以后，设置殿中省，与少府并立，凡宫廷事物统归殿中监，少府则专管工艺制造和钱币之事，于是少府职分为二。唐代在殿中省外加设内侍省，少府仅负责百工技巧之事。明代将其归并入工部，清代将其归入内务府。

②唐代的县令又称"明府"，县尉为县令的副官，所以也称县尉为"少府"。如王勃的《送杜少府之任蜀州》中的杜少府，就是去四川上任的县尉杜甫。

【少傅】官名。见"傅"字"少傅"。

【少监】官名。①隋唐时期，中少府监、都水监、将作监、军器监的长官称"监"，次官称"少监"。②隋唐时期，秘书省和殿中省的次官称"少监"。

【少吏】官名。见"吏"字"少吏"。

【少卿】官名。汉代以"丞"为九卿的次官。见"卿"字"九卿"。魏晋南北朝以来，改"九卿"为"九寺"。隋唐时期，九寺以卿为长官，少卿为次官，如"太常寺少卿""光禄寺少卿""大理寺少卿"等。见"寺"字"九寺"。

【少师】官名。见"师"字"少师"。

【少司空】官名。掌土木营建，为司空之佐助，又称小司空。

【少司寇】官名。掌刑狱，为司寇之佐助。

【少司马】官名。掌兵事，为司马之佐助，又称"小司马"。明代，兵部侍郎亦别称"少司马"或"小司马"。

【少司徒】官名。为司徒之佐助。

【少尹】地方官名。唐代制度，州（行政区）升级为府（行政区）的，其刺史称为府尹，下设少尹二人。"少尹"为"尹"之副职，职掌辅佐府尹管理府事。

【少宰】官名。见"宰"字"少宰"。

【少詹事】官名。唐代始置此官，为东宫詹事府副长官。宋沿唐制。明代，专以其位设文学侍从之臣。清代的"少詹事"为翰林官转迁之位。

【少正】官名。又称"小正"。西周时代开始设置，为主管事务的"正"的副职。春秋时期，郑国子产就曾担任过此职。

【少宗伯】官名。为宗伯之佐助，又称"小宗伯"。明代为礼部侍郎的别称。

3."舍"字与职官

"舍"（shè），金文作𠁷、𠁿，小篆作舍。《说文·亼部》："舍，市居曰舍①，从亼、屮，象屋也。"字形上像屋顶，下像房屋的基础，中间是客舍招徕顾客的幌子。本义是客舍。《庄子·说剑》："夫子休就舍。"②

由"客舍"引申泛指房舍。《三国志·蜀书·先主传》："舍

---

① 宾客居住的房子叫舍。
② 先生休息，住在客舍。

东南角篱上有桑树生高五丈余。"①

　　"舍"由房舍义形成"舍人"的官名。"舍人"本是宫内人的意思，然后以为王公贵族、宫廷皇室的亲近左右之官。如"太子舍人""中书舍人"等，见下文。

　　【东台舍人】官名。唐龙朔二年（662年），改给事中为东台舍人。咸亨元年（670年）十二月，恢复旧名。

　　【内舍人】官名。隋代避杨忠讳，改中舍人为内舍人。唐初恢复旧名。高宗永徽三年（652年），又避皇太子李忠讳，再改为内舍人。太子被废后，恢复旧名。见"舍"字"太子中舍人"。

　　【起居舍人】官名。职掌修撰记录皇帝言语。隋唐设置，隶属中书省。起居郎与起居舍人分别担任古代左史记行、右史记言的职责。参见"郎"字"起居郎"。

　　【舍人】官名。舍人，原为贵族家里的门客，后来成为正式官职，前冠以头衔，名称及职权不同。舍人之名最早见于《周礼·地官》，是国君的亲近属官。秦汉设太子舍人，魏晋有中书舍人。《唐书·职官志》中列有中书舍人、太子中舍人、起居舍人、通事舍人、太子通事舍人。

　　【太子舍人】官名。秦汉时期设置，为太子的属官。

　　【太子中舍人】官名。前身是秦汉时期的太子舍人。晋代咸

① 房舍东南角篱笆边有棵五丈多高的桑树。

宁初期设置，有四人。负责与中庶子（也是太子的侍从官，负责太子的教育）共掌文翰。唐代裁员为两人，与中庶子共同职掌禁令，纠正违阙，侍从左右，傧相威仪，尽规献纳。

【通事舍人】官名。职掌朝见引纳。隋唐设置。

【西台舍人】官名。唐龙朔二年（662年），改中书舍人为西台舍人。咸亨元年（670年）十二月，恢复旧名。

【中舍人】官名。晋代设置中舍人，为东宫属官，与中庶子共同管理文翰事务，别称太子中书舍人。后代相沿，至元代废除。见"舍"字"太子中舍人"。

【中书舍人】官名。职掌书写诰敕。前身为魏晋以来的"中书通事舍人"。南朝梁时期，去掉"通事"二字。原先职位不高，南朝时期，实权日重，由起草诏令、参与机密发展到专断政务，往往成为实际上的宰相。隋代改称"内史舍人"，隋炀帝时改称"内书舍人"，唐代武则天时改称"凤阁舍人"，简称"舍人"。唐代，中书舍人职掌诏令侍从、宣旨、慰劳等。宋代主管中书六房（吏、户、礼、兵、刑、工），承办各项文书，起草有关诏令，地位较高，官至中书舍人，多不再负责具体的起草撰写，往往即由此官渐渐升到宰相。中书舍人是文人们羡慕的清贵之职，《通典》称"文士之极任，朝廷之盛选"。明清时期，内阁的中书科也设有中书舍人，掌书写诰敕、制诏、银册、铁券等，但权势非前代可比。

【中书通事舍人】官名。西晋初设置，隶属中书省。原先在中书省，职掌传达诏命，职位低于中书侍郎。后代相沿，到南朝梁时期，改称"中书舍人"，担任起草诏令之职，参与机密，权力日重。见"舍"字"中书舍人"。

4．"师"字与职官

"师"（shī），甲骨文作𠂤，金文作𪴫，小篆作𢂷。从帀（zā），从𠂤（duī），会意字。帀是环绕，𠂤表示堆聚，它们都有众多义。《说文·𠂤部》："师，二千五百人为师。"师是古代军队编制的一级。《周礼·地官司徒·小司徒》："五人为伍，五伍为两，四两为卒，五卒为旅，五旅为师，五师为军。"郑玄注："师，二千五百人。"

"师"还可引申为泛指军队。《诗经·秦风·无衣》："王于兴师，修我戈矛，与子同仇。"① 《左传·襄公十八年》："齐师伐我北鄙②。"

"师"又转指官名，多指负有辅佐或教导职能的官员。如"太师"

---

① 君王要起兵，修好我的戈矛，和你同仇敌忾。
② 北鄙，北方的边疆。

"太子太师"等，见下文。

【卜师】官名。《周礼》记载春官宗伯所属有卜师。负责占卜时，根据龟骨被钻灼后显出的"兆"（裂痕），解释征兆，命左右将相关的言辞礼仪告诉命龟之人（进行占卜的人）。"命龟"意为告诉龟甲所卜之事。

【工师】官名。春秋时期，齐国、鲁国等国设置，战国时期各国相沿，职掌百工和官家经营的手工业。

【三师】①北魏以后称太师、太傅、太保为三师，品级为正一品，仅为虚衔，并无实职。元代以后改称"三公"。师、傅、保本为古代天子或太子左右亲近、辅导之人。师负责传授其知识，傅负责监督其行为，保负责养护其身体。②商代的军队组织，分右、中、左三师。

【少师】官名。①周代，为"三孤"之一。地位次于"太师"，为国君辅弼之官。北周以后，历代沿置，与少傅、少保合称"三少"。一般为大官加衔，以示恩宠而无实职。②指太子少师。为辅导太子的官。

【师氏】官名。①西周、春秋时期设置，负责王宫警卫并教习武艺。②女师，抚育古代贵族女子并教授其女德者。

【士师】官名。《周礼》记载秋官司寇所属有士师。职掌禁令、狱讼、刑法。古代为法官的通称。

【太师】官名。①周代辅弼君王的重臣"三公"之首。汉代废止，并无常任人员，仅作为一种荣誉称号，给大臣加衔，但受此号者往往本身权力很大，如宋代秦桧、明代张居正等。晋代避司马师名讳，一度改"太师"为"太宰"。②《周礼》记载春官宗伯所属有大师，又作"太师"。职掌教诗乐，为乐官之长。

【太子少师】官名。太子的辅导官，汉代设置。与"太子少傅""太子少保"并称"东宫三少"。"东宫三师"与"东宫三少"并称"东宫六傅"。隋唐以来，"六傅"多作为赏赐大臣的荣典，与太子没有关系。

【太子太师】官名。太子的辅导官，汉代设置，往往以大臣兼任。"太子太师""太子太傅""太子太保"并称"东宫三师"。

【小师】官名。《周礼》记载春官宗伯所属有小师。又作"少师"，次于"大师"，为乐工之副长官，职掌教习乐器歌唱。

5."史"字与职官

"史"（shǐ），甲骨文作 ，金文作 ，小篆作 ，字形相类似。字形下面是一只手，手所执，或说为捕猎工具，或说为简册，会意字。《说文·史部》："史，记事者也。""史"的本义是指记事的人。

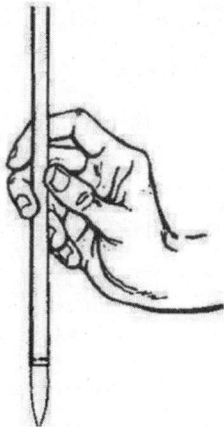

引申之，"史"为古代的官名，有文武两类职别：文官"史"

是在王左右的史官，担任祭祀、星历、卜筮、记事等职责。《礼记·玉藻》："动则左史书之，言则右史书之。"[1] 武官"史"是殷代驻守边疆的武官。后专指文职官员，职权大都与档案、文书、典籍类有关。如"太史""御史"等，见下文。

【丞史】官名。①汉代中央各府署都设置"丞"作为主官的辅佐。"丞"的助理官称"丞史"。②地方官太守以下的内史、史、卒等总称为"丞史"。

【丞相长史】官名。总领丞相府众吏，辅佐丞相处理政务。西汉设置，为丞相的辅佐官。

【刺史】地方官名。职掌一州之行政。西汉武帝时，设置十三州部，每部设置"刺史"为行政长官。"刺"，检核问事之意。后改称"州牧"。唐代恢复旧称。又称"州刺史"。见"牧"字"州牧"。

刺史的佐官有别驾、长史、司马、录事参军事，以及司功、司仓、司户、司兵、司田、司法、司士等诸曹参军事。别驾、长史、司马称为"上佐"，在刺史缺员或为亲王兼领时，上佐可代理州事。一般情况下，上佐并无具体任职，因其品高俸厚，不临实务，多用来优容宗室或安置闲散官员等。诸曹参军事负责具体事务，分管州府军、政、财、法等，称为判司；而录事参军事统

––––––––––––––––––

① 天子的行为由左史记载，言语由右史记载。

辖诸曹判司，处于综领督察地位，实权仅在刺史之下。

【殿中侍御史】官名。唐代设置。负责在朝廷重大典礼等活动中，纠察殿廷供奉仪式，还担任推按、巡察及监莅出纳等。

【监御史】官名。秦汉时期设置，隶属御史府。又叫郡监。汉武帝时废除。负责外出监察郡县官吏的官员，包括对州县的巡察以及对屯田、铸铁、馆驿、岭南选补、太仓与太府出纳等的监察。又作"监察御史""监察史"，简称"监"。

【兰台令史】官名。职掌典校图籍，治理文书。汉代设置。兰台为汉代宫廷藏书之处。

【令史】官名。职掌文书。①汉代，丞相、太尉、御史大夫"三公"府内均设置"令史"。职掌府内文书，是"三公"的书记官。②东汉尚书台设"令史"十八人，负责尚书各曹的文书管理。③隋唐时期，尚书、中书、门下中央三省设置有"令史"，掌文书。④地方官名。管理县内文书档案，县令的属官。

【内史】官名。①西周时期，太史的属官，职掌册命卿大夫之事。②战国时期，秦国、赵国设置，职掌财政，包括管理物资、官府手工业、财贸、苑囿等。

【女史】女官名。①辅佐内宰掌管有关王后礼仪的典籍。《周礼》中天官冢宰的属官。②职掌文书等。《周礼·春官宗伯》所属世妇的属官。

【侍史】官名。见"侍"字"侍史"。

【侍御史】官名。秦汉时期设置，隶属御史府。职责是推鞫狱讼（对被告发官员进行审理，主要负责"制狱"——皇帝亲命办理的案子），弹劾百僚（督促百官，按朝廷行政法规指控官员的不法行为）和知公廨杂事（处理府衙内日常杂务，如档案保管等）。

【守藏史】官名。见"守"字"守藏史"。

【太史】官名。①职掌文书起草，册命卿大夫，记录国家大事，编著史册，管理天文、历法、祭祀、典籍等事。夏、商、西周设置有卿士寮和太史寮。太史为太史寮之首，地位崇高，兼神职与人事，观察、记载社会动态及自然现象。太史之下有内史、御史、太卜、宗伯、乐师等属官。夏商以巫史辅佐国君处理政务，作为国君之下的最高官职，西周春秋则以公卿，战国以后以宰相。周代以来，神权渐衰，巫史地位远不如商代，后代更甚。②秦汉时期，"太常"的属官，其长官为"太史令"，地位已降低许多，主要负责编写史书。如西汉司马谈、司马迁父子先后担任此职。魏晋以后，编写史书之任转由"著作郎"负责，"太史"专掌历法推算。

【小史】官名。据《周礼》记载，春官宗伯所属有小史掌记载邦国之志和贵族世系。

【绣衣御史】皇帝临时派遣的，对大臣有诛杀之权的御史，身着皇帝赏赐的绣衣，称为"绣衣御史"，或称"绣衣直指"。绣衣以示地位尊贵。直指，表示大公无私。

【御史】官名。"御史"得名于主掌文书记录和保管，后世才转为监察官。①西周时期，太史寮的重要职官之一，是负责档案和公布立法的史官。②春秋时期，御史成为君王左右的随从秘书，负责记事、接收文书，属于国君秘书性质的职官。魏、韩、齐、秦等国均设此官。别国使者来献国书，往往由御史代为接受；两国国君相会，各有御史随王在场记事。如《史记·廉颇蔺相如传》中，秦王与赵王渑池会。秦王请赵王鼓瑟，赵王一弹完，秦国的御史就上前作记录，"某年月日，秦王与赵王会饮，令赵王鼓瑟"。蔺相如以其人之道还治其人之身，逼秦王击缶，然后也召赵国御史写道："某年月日，秦王为赵王击缶。"战国时期，御史渐负有监察百官的职责。由于御史是保管文书档案、负责记录且与国君十分亲近的文秘类职官，御史对官吏的评价常为国君所接受，久而久之，成为国君耳目而具有监察性质。③秦汉时期，为"御史大夫"的属官，职掌上奏事务和监察百官。东汉时期，御史大夫改为"大司空"，御史府改为"御史台"，御史中丞为长官，转为隶属少府。御史台成为专门的监察机构，别称"宪台"。从此以后，御史成为监察官的专称。御史纠弹正确与否受到尚书省左右仆射与左右丞的制约。

【御史大夫】官名。秦汉时期设置御史府，长官为御史大夫，副官为御史中丞，见"御史中丞"。职责相当于君王的秘书长。

【掾史】官名。见"掾"字"掾史"。

【长史】官名。长史相当于所在署衙的"秘书长"或"幕僚长"一类的官员。①西汉时期，"丞相""太尉""御史大夫"的属官均有"长史"。②东汉时期，太尉、司徒、司空三公府均设有"长史"。③两汉时期，与少数民族接壤的各郡设有"长史"，辅佐太守掌一郡兵马，负责统兵作战的称"将兵长史"。唐宋时期，各州郡也设有"长史"。唐代大都督府的"长史"往往能充任"节度使"。④两汉的将军府设有"长史"，总理幕府工作。⑤历代分封诸王的王府和公主府设有"长史"，总管府内事务。

【治书侍御史】官名。东汉设置，隶属御史台。职掌纠察疑狱，承办具体监察事务。

【治粟内史】官名。职掌谷货之事。秦代设置，九卿之一，汉初沿用此称。汉景帝时期改称"大农令"，汉武帝时期改称"大司农"。隋代，设置司农寺，改称"司农寺卿"。后代相沿，明代废止。

【柱下史】官名。由于身担职务，经常侍立在宫殿梁柱之下，故称"柱下史"。周代，称"守藏史"之官为"柱下史"。老聃就曾担任周代柱下史。秦代称"柱下御史"，负责管理藏书。隋唐时期，"秘书监"中职能相似的官别称"柱史"。后代有称翰林为"柱下史"的，也有称"御史"为"柱下史"的。

【祝史】官名。职掌祝告鬼神。作辞以事神，故称"祝"；执书以事神，故称"史"。

【左右史】官名。周代史官有左、右史之分。一说，据《礼记·玉藻》载，左史记录行为，右史记录言语。另一说，据《汉书·艺文志》载，左史记录言语，右史记录行为。

6. "使" 字与职官

"使"（shǐ），甲骨文作 ，小篆作 。甲骨文 "使""吏""事" 是一个字，后分化为三个字。《说文·人部》："使，令也。从人，吏声。"（依《段注》本。）"使" 的本义是派遣、支配。《左传·桓公五年》："郑伯使祭足劳王。"①

引申之，"使" 转指派遣的对象。《史记·屈原贾生列传》："楚使怒去。"② 唐代以来特派负责某种政务者称使，如 "节度使""转运使" 等。明清时期，常设的正规官也有称使的，如中央的 "通政使" 和外省的 "布政使""按察使"，见下文。

【按察使】官名。负责考核吏治。唐初特派官员赴各道巡察，称 "按察使"，非常设官职。唐景云二年（711 年），分置十道按察使，成为常设官职。开元二十年（732 年）改称 "采访使"，乾元元年（758 年）又改称 "观察处置使"。参见 "使" 字 "观察使"。

【兵马使】地方官名。唐代藩镇自行设置的部队统率官，往

---

① 郑庄公派遣祭足去慰问周桓王。祭，音 zhài。
② 楚国的使者怒冲冲地离开了。

往称"兵马使",其中权力重者称"兵马大使""都知兵马使"。

【布政使】地方官名。明洪武九年（1376年）除南北两京不设外,分全国为十三承宣布政使司,每司设置左右布政使各一人,为一省最高行政长官。职掌承宣政令,按上级指派的政务、法令宣达各地方,督促其贯彻实施;管理属官,管理地方各级官员,按期发放俸禄,考核政绩;掌控财政,征收地方赋税,统计户籍、税役等。

【黜陟使】官名。特派官员。专门巡察全国各地,调查官吏的行为以施赏罚,并察访各地民情。唐太宗贞观八年（634年）曾特派李靖等十三人为黜陟大使出巡。玄宗、肃宗时期也曾遣使出巡。唐代后期废除。参见"使"字"观察使"。

【都指挥使】官名。见"都"字"都指挥使"。

【都转运使】官名。见"都"字"都转运使"。

【度支使】地方官名。"度支",量入为出。度支使职掌国家财经收支。早期为特派官员。唐代开元以后,军事供应浩繁,多以尚书、侍郎兼领度支事务,称度支使或判度支、知度支事,权任极重,与盐铁使、户部使合称"三司"。后唐时,合并为一司,称"三司使"。

【发运使】地方官名。特派官员,唐代在陕州、宋初在京师均设置水陆发运使,又在淮南、江浙、荆湖置发运使,专掌东南六路漕运。后改称"转运使"。见"使"字"转运使"。宋南渡后逐渐废除。

【防御使】地方官名。专掌军事。唐代初期，设置于西北边镇。"安史之乱"时，设于中原军事要地，以刺史兼任。以后时设时罢。

【观察使】官名。唐代初期，特派中央官员分赴各道（唐代的行政分区）访察州县官吏功过及民间疾苦，或名"巡察使"，或名"按察使"，或名"采访使"，或兼"黜陟使"，最后于乾元元年（758年）定名"观察处置使"。"安史之乱"后，未设节度使的非军事重要地区，大都以观察使为一道的最高长官，成为常规官员。设有节度使的，则兼领"观察使"。职权以民政为主，兼管军事。

【监考使】官名。唐代考课制度规定，门下省和中书省负责监督官员考课的进行，两省派出的监考官员称"监考使"，一般由门下省的给事中和中书省的中书舍人出任，属于临时性派遣。

【节度使】地方官名。节度，节制调度；又因受职之时，朝廷赐以旌节，故名"节度使"。节度使本为特派官员，唐代开始成为地方军政长官。唐代在军事重地设有都督府以掌军政。而内地的都督府多减省，未设立，所以每遇到战事突发，则很被动，需由中央派遣行军总管统领出征或以备防御。唐高宗和武后时期，为了加强防御和改变临时征调的困难，这类的屯戍军设置增多，并逐渐制度化，形成有固定驻地和较大兵力的军区，于是长驻的专任节度使便应时出现。据《资治通鉴》记载，节度使之名始于薛讷，节度使成为正式官职始于贺拔延嗣。唐睿宗景云元年

（710 年），薛讷为幽州镇守经略节度大使、左武卫大将军兼幽州都督。唐睿宗景云二年（711 年），贺拔延嗣以凉州都督充河西节度使。节度使受命时，赐双旌双节，得以军事专杀，集军、民、财三政于一身，又常一人兼统两到三镇，多者达四镇，权威极盛。地方渐不听令于中央，外重内轻，到天宝末年酿成安史之乱。

【经略使】地方官名。唐贞观二年（628 年）于边疆重镇设置经略使。职掌军事。后来多以观察使者兼经略使，或节度使兼观察经略使。

【经制使】地方官名。北宋末年设置，南宋沿袭，后废除。职掌经制东南财赋。主事者创立名目，搜刮钱财，所得叫经制钱。

【三司使】官名。①唐代以刑部尚书或刑部侍郎与御史中丞、大理卿共同审理大狱，称三司使。②唐代皇太子监国时，太子詹事与左、右庶子也称三司使。③唐中期以后，以盐铁使与度支使、户部使分别掌管租赋、财政收支与盐铁专卖，也称三司使。北宋设置三司使为最高财政长官，掌全国钱谷出纳，均衡财政收支，号称计相，位次执政官。

【枢密使】官名。枢，本义是门上的转轴，引申指重要的、中心的部分。密，机密。枢密，国家机密。顾名思义，枢密使是掌握国家机密的大员。唐代后期开始设置，由宦官担任，负责接收大臣表奏，传达皇帝的命令，五代时期改由士人担任，后来又被武将所掌握，权势极度膨胀。宋代又逐渐转由文官担任，职权范围逐步缩小。

【通政使】官名。明代设置，为通政使司的长官。职掌出纳帝命，通达下情，受四方章奏。朱元璋认为，政犹水也，欲其常通，故以"通政"为名。

【团练使】地方官名。全名"团练守捉使"。团练即地方自卫队。守捉，本为把守之义，是唐代特有的驻军机构。团练使，类似于民间自卫队队长，负责统领地方民兵。唐代设置，地位低于节度使。都团练使多由观察使兼任，州团练使多由刺史兼任。唐代的都团练使、州团练使原是负责方镇或州的军事，但因为多由观察使兼任都团练使，刺史兼任州团练使，所以实际上掌握了一个方镇或一个州的军政大权。都团练使与节度使或都防御使的职掌相同，都是方镇的军政首长，但节度使的地位较高，而且有中央赐予的旌节。所以两者不重复设置，有节度使、都防御使的地区不再设置都团练使，有州防御使的就不再设州团练使，反之亦然。宋代，由于朝廷采用强干弱枝政策（加强中央权力，削弱地方势力），团练使仅是虚衔，各州的团练使只是用于标识官员的俸禄级别，无定员，无职掌，也不一定驻扎在本州。北宋苏轼曾担任黄州团练副使。

【宣徽使】官名。总领宫内诸司及三班内侍名籍、郊祀朝会、宴飨供帐等事宜。唐代，设置"宣徽南、北两院"，设置"宣徽使"或称"宣徽院使"，以宦官担任。五代和宋代，改由大臣担任，因为事简官尊，常以"枢密院使"（即枢密使）兼领。明洪武元年（1368年）归并入"光禄寺"，"宣徽院"遂废除。

【巡察使】官名。特派官员。唐代前期巡行地方的大吏，多在水旱灾害后派遣五品以上官员充任，职掌考察府官吏，巡视灾区。

【盐铁使】地方官名。特派官员，管理食盐专卖，兼掌管银铜铁等的采冶。唐代中期以后设置，多特派大臣充任，常驻扬州，是当时握有财政权的重要官职。

【招讨使】官名。唐宋以来多由大臣、将帅或地方军政长官兼任，掌管镇压人民起义和招降伐叛等事，非常设官职，事后即撤销。

【知顿使】官名。见"知"字"知顿使"。

【铸钱使】地方官名。特派官员，专管钱币铸造。唐代特派铸钱使总领造币之事，常常以盐铁转运使兼领，是掌握财政实权者。

【转运使】地方官名。特派官员，专管水陆运输经济，负责经营江淮米粮、钱币、货物的转运，以供京师皇室及军民之需。起源唐代，开始称"水陆发运使"，管理洛阳、长安间的粮食运输事务。开元末年，开始起用善理财之臣，负责经营。后来又设置诸道转运使，负责全国谷物财货的运输。唐代宗以后，多与盐铁使并为一职，称盐铁转运使。

7. "侍"字与职官

"侍"（shì），小篆作。从人，寺声，形声字。《说文·人部》："侍，承也。"段玉裁注："承者，奉也，受也。凡言侍者，皆敬恭奉承之义。""侍"的本义是指侍奉或陪从尊长、主人。《左传·襄公十四年》："师旷侍于晋侯。"① 《论语·先进》："子路、曾晳、冉有、公西华侍坐②。"

引申为侍奉天子，随时听候天子差遣的职官名称。见下文"侍中""中常侍"等。

【常侍谒者】官名。汉代设置，职掌殿上时节威仪。

【内常侍】官名。隋代设置，本为中常侍，避杨忠讳，改内常侍，为"内侍省"长官，由宦官出任，职掌宫内侍奉。唐代相沿。

【内侍伯】官名。隋唐时期设置，隶属内侍省，职掌宫中戒令。后代废除。

【散骑常侍】官名。骑马散从，所以称"散骑"；经常随侍在

---

① 师旷侍奉晋侯。
② 侍坐，陪从孔子坐着。

帝王身边，所以称"常侍"。散骑、中常侍在西汉为两个分开的官职，性质相同，都是在皇帝身边以备顾问、规谏过失，出行则可乘舆陪乘或骑马散从的近侍官。东汉省去散骑，改由宦官担任中常侍。魏文帝把散骑与中常侍合并成一官，称"散骑常侍"，由士人任职。唐太宗时期一度废除散骑常侍，高宗时期恢复设置，分为左、右散骑常侍。左散骑常侍属门下省，右散骑常侍属中书省，职责相同，规谏过失，侍从顾问，本无实权，但是亲近帝王，故为尊贵之官，常作为将相大臣的加官。散骑常侍，可以出入禁中，入可侍奉皇帝，出可作皇帝骑从。宋代不常置，金元以后废除。

【侍读】官名。①职掌著述和校勘经史典籍等。北魏始置。宋代属翰林学士院，位在侍读学士、侍讲学士之下，为经筵官，一般由其他官兼领。②太子侍读的简称。

【侍读学士】官名。职掌讲论文史，以备皇帝顾问，相当于帝王的修学顾问。参见"侍"字"侍讲学士"。

【侍讲】官名。①熟读经史，解疑释惑，以备顾问应对。地位与侍读相当。见"侍读"。②太子侍讲的简称。

【侍讲学士】官名。职掌讲论文史，以备皇帝顾问，一般由其他官兼任或由文学之士充任。唐朝中期以后，在集贤殿书院设置"侍讲学士""侍读学士"及"翰林侍讲学士"。后代大体相沿。明代设置"侍讲学士""侍读学士"，职掌著述记载等事。"侍讲""侍读"职掌供读经史等事，合称"讲读"。

【侍史】官名。①主管文书记录的官员。古代有史官随侍负责记录君王言行的习惯。如《史记》记载，孟尝君待客时，侍史就在屏风后记录孟尝君与客人的谈话内容。②汉代宫中女官也设有"侍史"，侍立宫中贵人等左右，负责管理文书及书写记事。

【侍书】官名。明代设置，隶属翰林院。熟悉六书经典，以备皇帝顾问。

【侍卫】官名。侍从、警卫，侍卫是帝王的侍从警卫官。宋代，设置"侍卫司"。清代侍卫多以八旗子弟、高级官员等充任，级别高低依次有"御前侍卫""乾清门侍卫""一等侍卫""二等侍卫""三等侍卫"等。

【侍医】官名。君王身边随侍的医生，即后代的"御医""太医"。战国时期和秦汉时期都有设置。如荆轲朝见秦王时，侍医夏无且随侍在旁。

【侍正】官名。见"正"字"侍正"。

【侍中】官名。古代帝王的宫廷禁卫森严，不得随意出入，所以又称"中""禁中"。所以古代职官中可服务于宫廷者多加一个"中"字。侍中，顾名思义，服侍于禁中，服侍帝王左右，以备顾问应对。秦代始设此官，两汉相沿，多为正式官职以外的加官，无定额，加侍中，可以出入禁中。侍从因为随侍皇帝左右，出入宫廷，虽无实权，但接近皇帝，地位渐形显贵，到南朝宋文帝时期，开始掌握机要，南朝相沿，往往成为实际上的宰相。魏晋以后，"侍中"成为门下省的正式长官。隋代避杨坚之父杨忠名讳改称门下省侍中为"侍内"或"纳言"。唐代恢复旧称，一度作为门下省的长官，成为左相，而以中书省的中书令作为右相。侍中官位崇高，后来逐渐成为大臣的加衔，而无实权，需另加"同平章事"方成为实际上的宰相，这与南北朝时不同。宋代，中书、门下两省合并，侍中改名"门下侍中"。元代以后废除此官。

【中常侍】官名。秦汉时期设置。西汉作为加官，加"中常侍"，可随侍皇帝左右，职掌殿中服侍、规谏过失、顾问应对。东汉和帝邓太后临朝，废"散骑"，只沿用"中常侍"，并改由宦官出任。东汉末又改用士人。魏晋时期，合并"散骑"和"中常侍"为"散骑常侍"，由士人出任。隋代避讳改为"内侍省"，领"内侍""内常侍"等官。"中常侍"官名遂废。

8. "尉"字与职官

"尉"（wèi），小篆作
𫝄。从叚（古文"夷"字，义为平），从又（手）持火，会意字。隶变作尉。《说文》："尉，从上案下

也，以尉申缯也。"①　"尉"的这个最初意思现在用"熨"字表示。

"尉"假借为官名，一方面可作为武官的名称，取安天下之义，如"太尉"等。《史记·陈涉世家》："广起，夺而杀尉。"②另一方面，又作为司法官名，取执法要公平之义。《史记·张释之冯唐列传》："廷尉，天下之平也，一倾而天下用法皆为轻重，民安所错其手足？"③

【步兵校尉】官名。汉武帝设置的京师屯兵八校尉之一。据《汉书·百官公卿表》记载，职掌长安西南郊的上林苑门屯兵。

【长铍都尉】官名。汉代特种兵的将领，专管使长铍的士兵。长铍是一种长形双面刃兵器，可直刺和砍杀。

【长水校尉】官名。汉武帝设置的京师屯兵八校尉之一。据《汉书·百官公卿表》记载，职掌长安西北郊的长水、宣曲的匈奴骑兵。长水、宣曲是地名。

【城门校尉】官名。汉代设置，职掌京师城门屯兵。

【典军校尉】官名。东汉末期，西园八校尉之一。曹操曾任典军校尉。

---

① "尉"，表示用熨（yùn）斗按着丝织品，以致熨烫平整。
② 吴广跳起来，夺过剑把营尉杀了。
③ 廷尉，是天下公平的象征，一旦有偏颇，天下使用法律时都会任意轻或重，叫老百姓怎么办呢？

【都尉】官名。①战国时期开始设置，是比将军略低的武官。②西汉景帝时改"郡尉"为"都尉"，辅佐郡守，掌全郡的军事，为地方军事长官。汉武帝时期在全国要地设置关都尉、农都尉、属国都尉。见"尉"字"关都尉"和"农都尉"。中央官职中也有都尉，如"水衡都尉"。见"尉"字"水衡都尉"。③都尉有时也作为临时执行某种职务的官名，如汉武帝时期的"协律都尉"。④都尉有时也作为勋官名，如唐代的"骑都尉"。见"尉"字"骑都尉"。

【驸马都尉】①官名。汉武帝时期开始设置。"驸"即副之意。驸马都尉和奉车都尉都是陪奉皇帝乘车的近臣。②魏晋以后，公主夫婿多授以驸马都尉，于是便成为称号而不作为官职，一直到清代。后世多简称"驸马"。

【关都尉】地方官名。汉代沿袭秦代制度，设置关都尉，负责收货物出入之税，并稽查行人，守护关口。

【国尉】官名。职掌军政。战国时期，秦国设置，秦昭王时在大良造之下，设国尉一级。

【胡骑校尉】官名。汉武帝设置的京师屯兵八校尉之一。职掌驻池阳的匈奴骑兵。

【虎贲校尉】官名。汉武帝设置的京师屯兵八校尉之一。据《汉书·百官公卿表》记载，职掌车兵。

【郡尉】地方官名。掌管郡驻军，负责全郡治安、逮捕盗贼。郡尉由朝廷直接任免与管理，与郡守地位相当。

【农都尉】地方官名。职掌屯田植谷。汉武帝时期为了发展与少数民族邻接地区的农业生产而设置。

【骑都尉】官名。汉武帝时期开始设置，东汉相沿。隶属光禄勋，职掌监羽林骑。晋以后历代相沿，唐代为勋官十二转之第五转，相当于从五品。

【上军校尉】官名。东汉末期，西园八校尉之一。参用宦官和士人，为特置的统率中央军的官。与中下军、典军、助军、佐军及左右校尉共为八校尉。

【射声校尉】官名。汉武帝设置的京师屯兵八校尉之一。据《汉书·百官公卿表》记载，职掌待诏射声士。待诏，须得诏令才射箭。射声，据说善于射箭的高手，能根据箭飞出去的声音判断射中与否。待诏射声士是弓箭手。

【属国都尉】地方官名。管理归降汉朝的少数民族地区。西汉武帝时，在边境归降、依附的少数民族地区设置。当时朝廷对于降附或内属的少数民族，均设属国，以便加强管理。

【水衡都尉】官名。据《汉书·百官公卿表》应劭的注释，"水衡"得名于"古山林之官曰衡，掌诸池苑，故称水衡"。汉武帝时期开始设置，职掌上林苑，兼管皇室财物及铸钱。东汉时期废除，职务归入少府，关于水利航政部分归都水使者管。三国魏重新设置，职掌水军舟船器械，晋代以后不常设置。唐代曾改都水监为水衡都尉，后来恢复称"水衡令"。

【司金都尉】地方官名。职掌冶金事务。三国时期设置。又称"司金中郎将"。

【司隶校尉】官名。汉武帝时期开始设置。负责纠察缉捕特别重大的案件，后来渐负责察举京师官民和附近各郡一切犯法者，其职权相当大。汉代司隶校尉的威权特重，可以专道而行，专席而坐，除了三公之外都可以纠察，与尚书令、御史中丞号称"三独坐"。

【司盐都尉】①地方官名。汉代郡国产盐的地方设置的盐官。②中央官名。魏晋时期，司盐都尉总领全国关于盐的政令。

【太尉】官名。职掌全国军事行政。秦代以太尉为全国最高军事长官，与掌政务的丞相、掌监察的御史大夫共同负责国务。汉武帝时改称"大司马"。东汉时恢复旧称。历代多沿置，但逐渐变为加官，没有实权。到宋徽宗时期，定为武官官阶的最高一级，但本身不代表任何职务。

【廷尉】官署名和官名。职掌刑法狱讼。秦代开始设置，汉代相沿，为九卿之一。廷尉所在机构也称廷尉。南北朝末期，开始以"廷尉寺"为其机构名。汉代有时又称大理，是国家最高法官。汉代廷尉下还设置有廷尉正、左右监、左右平。见"正"字"廷尉正"和"理"字"大理正"。

【廷尉平】官名。隶属汉代廷尉。最初只有廷尉正和左右监，汉宣帝时期开始增设左右平，以防正、监有偏私。廷尉里的公文上必须有正、监、平三官的共同署名。后来改"廷尉平"为"廷尉评"。唐代还设置评事负责出使查案。

【廷尉正】官名。见"正"字"廷尉正"。

【屯兵八校尉】汉武帝时期在京师设置屯兵八校尉，分掌中央军队，分别是长水校尉、屯骑校尉、越骑校尉、步兵校尉、射声校尉、中垒校尉、胡骑校尉、虎贲校尉。

【屯骑校尉】官名。汉武帝设置的京师屯兵八校尉之一。职掌汉族骑兵。

【卫尉】官名。职掌宫门卫屯兵，是皇帝的禁卫司令。秦汉设置，为九卿之一，属官有卫士令和八屯卫候司马。西汉兵制在京师有南北两军，北军由执金吾领，掌京师的巡查，南军由卫尉统领，掌宫门内屯兵。汉景帝初期改"卫尉"为"中大夫令"。后元元年（前143年）恢复旧称。唐代改称"卫尉卿"，但职能有所改变，实际只负责宫廷帷幕收藏和布设等琐事。

【尉】官名。作为军官的尉，始于春秋晋国。晋设有三军，上、中、下，都设有尉，中军地位最高，所以中军的尉又称元尉。

【尉史】地方官名。负责巡逻警戒。汉代郡尉的属官。

【西园八校尉】据《后汉书》记载，东汉中平五年（188年）八月，汉灵帝为削弱外戚大将军何进的兵权，在洛阳西园招募壮丁设立的军事组织，包括上军校尉、中军校尉、下军校尉、典军校尉、助军校尉、佐军校尉、左校尉、右校尉，共八校尉。

【下军校尉】官名。东汉末期，西园八校尉之一。

【县尉】地方官名。负责抓捕盗贼、维护全县治安等"武职",与县丞同为县令的首要辅佐官。见"丞"字"县丞"。

【校尉】官名。汉代的军职之一,职位略低于将军,随职务冠以名号。校是古代的军事编制单位,每校兵数,多则一千二百人,少则七百人。校的领兵军官称校尉。汉代大将军的直属部队分五部,部下有曲,曲下有屯。"校"与"部"同。校尉为部队长之意。汉武帝增加中垒、屯骑、步兵、越骑、长水、射声、虎贲七校,另加不常置的胡骑,共八校尉。汉官加校尉的颇多。司隶校尉后为京畿地方官,戊己校尉、乌桓校尉等为主管少数民族地区的长官。后世校尉地位逐渐降低。唐代到清代,校尉多作为低级武散官的称号。

【协律都尉】官名。汉武帝时期,设立乐府,令司马相如等造诗赋,以李延年为协律都尉,将诗赋配上乐曲。汉代的协律都尉是临时性官职。

【右校尉】官名。东汉末期,西园八校尉之一。

【元尉】官名。元,首也,有最长、最高之义。春秋时期,晋国设有三军,上、中、下,都设有尉,中军地位最高,所以又称"元尉"。

【越骑校尉】官名。汉武帝设置的京师屯兵八校尉之一。职掌越族归附骑兵。

【云骑尉】官名。唐代以后勋官之一。隋文帝时设置。隋炀帝时废除。唐代设置勋官十二转,其二转为云骑尉,相当于正七品。宋、金相沿。

【中军校尉】官名。东汉末期，西园八校尉之一。袁绍曾任中军校尉。

【中垒校尉】官名。汉武帝设置的京师屯兵八校尉之一。据《汉书·百官公卿表》记载，职掌北军垒门内外。但担任此官的，不一定是武将。刘向曾任此官，世称刘中垒。西汉后废除此官。

【中尉】官名。汉代的中尉为武官，职掌京师治安，兼领北军。汉武帝时期，改称"执金吾"。唐代，德宗开始在神策军设置护军中尉，由宦官担任，领禁兵。

【助军校尉】官名。东汉末期，西园八校尉之一。

【左校尉】官名。东汉末期，西园八校尉之一。

【佐军校尉】官名。东汉末期，西园八校尉之一。

9."相"字与职官

"相"（xiàng），甲骨文作 。《说文·目部》："相，省视也。"从目，从木，会意字，本义为仔细察看。《诗经·鄘风·相鼠》："相鼠有皮，人而无仪。"①

引申为辅助。《论语·季氏篇》："今由与求也，相夫子，远人不服，而不能来也。"②

---

① 看老鼠还有张皮，人却没有威仪。
② 如今仲由和冉求辅助季孙，远方的人不归服，不能使他们前来。来，使动用法，使之来。

引申作名词，指禀秉皇帝意旨佐理国政的长官，或负责管理诸侯王国民事事务的长官。如《史记·魏世家》："家贫则思良妻，国乱则思良相。"① 《后汉书·张衡列传》："永和初，出为河间相。"② 又如"相邦""相国"等，见下文。

【丞相】官名。名称起于春秋战国时期。丞相秉承皇帝意旨佐理国政，为百官之首。丞相官位最高，尊称为"相国"或"相邦"，通称为"宰相"。三国时期，曹操为汉朝丞相，诸葛亮为蜀国丞相。秦汉时代，列为三公之一。至唐和北宋时代，无"丞相"之称，而以其他官衔称之。明洪武十三年废除"丞相"之制，而以"内阁大学士"实行"丞相"职权。

【国相】官名。汉代，直属中央的地方行政区称郡，分封给各王的行政区称国。王国中置"傅"和"相"。"傅"负责辅佐国王个人行动；"相"负责管理王国民事事务，其职权大略相当于郡之"太守"。王国的"国相"与郡守职位相当，侯国的"国相"与"县令"相当。

---

① 家贫穷就思慕有才德的妻子，国不安就思慕有才德的宰相。
② 永和初年，张衡调出京城担任河间的相国。

【计相】官名。①汉代初期，丞相府中设置有"专主计籍"的官员称"计相"，专门掌管郡国上计事务。②唐代度支、户部、盐铁转运使这三个掌财计的机构，原先是三个各自独立的部门，到五代时并为一职，称为"三司使"。"三司使"直到宋代都是最高财政长官，控制国家经济，号称"计相"。宋代三司使即监铁使、度支使、户部使。三部下各设置使、副使、判官。宋代监铁、度支、户部，号称"计省"，长官号称"计相"，地位相当于朝廷第二执政长官。

【家相】官名。春秋时期，卿大夫的家臣之长称"家宰"，别称家相、家老。见"宰"字"家宰"。

【内相】唐宋以来翰林的别称。唐玄宗时期在朝官中选翰林学士，入值内廷，以备随时接受召见，撰拟文字，比召见外廷官便捷。唐宋时期以翰林学士所撰写的皇帝特殊文告为"内制"，用白麻纸所书写；中书舍人或知制诰所掌的正式诏敕为"外制"，用黄麻纸所书写。翰林学士亲近皇帝，有机会随时参与机要商议，撰拟诏令，其政治地位逐渐上升。充任翰林学士者大多有机会升迁，一般多升为中书舍人，不久便可以入相。直到明清时期，还有这种习惯，拜相者必须为翰林出身。总的来说，翰林学士参与机要，有较大实权，所以号称内相。参见"翰"字"翰林学士"和"舍"字"中书舍人"。

【相邦】官名。名称起于春秋战国时期，邦国之相称为"相邦"或"相国"。汉代，避刘邦名讳，改"相邦"为"相国"。

【相国】官名。名称起于春秋战国时期。如范蠡为越国的相国。西汉初，汉高祖置"丞相"，后更名"相国"。唐以后多用作"宰相"的另一称谓。如唐玄宗时期，杨国忠人称"杨相国"；唐代著名的党派之争，牛李两党的首领牛僧孺和李德裕也都是相国。

【亚相】御史大夫的别称。汉代，丞相出缺时，常以御史大夫补，唐以后遂以"亚相"为御史大夫别称。

【宰相】宰相作为封建时代中央政府的首脑和封建国家的最高行政管理负责人，其职权是佐天子、总百官、治万事。它的前身是君主的家务总管，宰或太宰（也称"冢宰"），其实质就是以国君的家臣头目身份管理国家政务。宰相的称谓起于战国后期，是同一类官职（相、相邦、令尹等）的通称，初见于《韩非子》等书。把宰相正式定为具体机构和官职名称的只有辽代。辽代中枢机构为北、南宰相府，各设左、右宰相。

【左右相】官名。早期左相、右相并非定制，或一相专职，或左右相并置。春秋时期，秦武王以甘茂为左相，以樗里疾为右相。齐景公以崔杼为右相，以庆封为左相。唐代门下省长官有时称左相，中书省长官有时称右相，尚书省长官称文昌左相、文昌右相。

10."宰"字与职官

"宰"（zǎi），甲骨文作𡧀，金文作𡧀，小篆作𡨄。《说文·

宀部》："宰，辠（罪）人在屋下执事者。从宀，从辛。""宀"表示房屋，"辛"像一种刑具，合起来表示在屋子底下做事的罪人，即奴隶，这是本义。转指奴隶主、贵族家中掌管家务的总管、家臣。《左传·定公十二年》："仲由为季氏宰。"[①]

引申之，"宰"成为古代官吏的通称。《周礼》有冢宰、大宰、小宰、宰夫、内宰、里宰。《公羊传·隐公元年》："宰者何？官也。"[②] 参见下文"太宰""少宰"等。

【家宰】官名。春秋时期，卿大夫的家族和政权组织称"家"。卿大夫的属官称"家臣"。"家臣"的总管称"家宰"，别称"家老""家相"。主宰全部家政。孔子的弟子子路、冉求等曾都做过季氏的家宰。

---

① 子路担任季氏家臣的总管。仲由，孔子的学生子路。季氏，春秋鲁国的贵族。

② "宰"是什么？是官吏。

【里宰】官名。即"里尹"。周代，地官司徒之属有"里宰"，位在"酂长"之下。周制四里为一酂，里长为一里之行政长官，为酂长所领导。见"尹"字"里尹"。

【牧宰】见"牧"字"牧宰"。

【内宰】官名。据《周礼》记载，为天官冢宰的属官。职掌王宫的政令，负责教导王的嫔御。

【少宰】官名。①《周礼·天官》有小宰，为天官太宰的副官，又称少宰。②宋徽宗政和年间一度改尚书左仆射为太宰，右仆射为少宰。③明清时期对吏部侍郎的尊称。

【太宰】官名。①古代百官之长。《周礼》六官中，"天官"之长，称为"太宰"。又称"大宰""冢宰"，见"冢宰"。②晋代避司马师讳改"太师"为"太宰"。③宋徽宗政和年间一度改尚书左仆射为太宰，右仆射为少宰。④明清时期用以尊称"吏部尚书"。

【太宰令】官名。见"令"字"太宰令"。

【宰夫】①官名。《周礼·天官》有宰夫，为天官属官，位在小（少）宰之下。掌朝堂仪式、考核百官治绩，报上级予以奖惩。②膳夫。职掌膳食。《左传·宣公二年》："宰夫腼熊蹯不熟。"杨伯峻注："此宰夫即《周礼·天官》之膳夫，盖天子曰膳夫，诸侯曰宰夫。"

【宰辅】见"辅"字"宰辅"。

【宰官】亦称"官宰"，官员的泛称。后代称县令为"宰官"，又称"宰人"。

【宰衡】①汉平帝时赐予王莽的封号，取义伊尹为阿衡，周公为太宰，合之为宰衡。②后代指宰相。

【宰人】官名。同"宰官"。古代一邑之长称"宰人"或"宰官"。

【宰执】宋代先后以同平章事，尚书左、右仆射，左、右丞相为宰相；又先后以参知政事，枢密使、副使，尚书左、右丞为执政，合称宰执。

【冢宰】官名。又作大宰、太宰。周代设置，为天子六官之首，"帅其属，而掌邦治，以佐王均邦国"，掌管治理邦国的重任。六官分别指天官冢宰、地官大司徒、春官大宗伯、夏官大司马、秋官大司寇、冬官大司空。后世以冢宰为百官之首，故称宰相为冢宰。

11. "掌"字与职官

"掌"（zhǎng），小篆作𢾭。从手，尚声，形声字。《说文·手部》："掌，手中也。"本义为手掌。《论语·八佾》："指其掌。"① 西汉枚乘《上书谏吴王》："易于反掌，安于泰山。"②

手掌是握持操作的人体部位，故引申为主管、负责。《孟

---

① 指着他的手掌。
② 比翻转手掌更容易，比泰山更安稳。

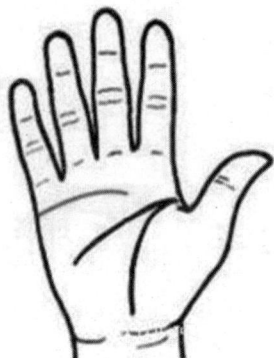

子·滕文公上》："舜使益掌火，益烈山泽而焚之，禽兽逃匿。"①与"掌"相关的官名，取义于此，表示主管、负责某事物的官员。如"掌书""掌固"等，见下文。

【掌灯】官名。唐代设置，专掌门阁灯烛。另有"司灯""典灯"各二人，掌管门阁以外的灯火。

【掌固】官名。①《周礼》夏官司马的属官有掌固，职掌沟渠城郭修筑及有关防守之事。掌固即掌保国防之固。②汉代太常属官有掌固，专掌礼乐故事，因此又称"掌故"。③唐代尚书省六部等中央官署下，大多设有掌固一职，负责看管仓库及陈设之事。

【掌故】官名。汉代设置，隶属太常，负责掌管礼乐制度等古今典故，以备查询。又作"掌固"。

【掌记】①中央官名。唐代宫中"尚官局"置"掌记"二名，负责记录国事之事务。②地方官名。节度使的属官中有"掌书记"，简称"掌记"，职掌笺奏。见"掌"字"掌书记"。

---

① 舜命令伯益掌管火政，益就将山野草泽里的草木用烈火烧毁，使鸟兽逃跑隐藏。

【掌疆】官名。《周礼》夏官司马的属官有掌疆，司掌国家疆界。

【掌交】官名。《周礼》秋官司寇的属官有掌交，职掌持节、携币（玉帛之类）巡行邦国，以增进王室与诸侯友好关系。北周仿《周礼》也在秋官府设掌交上士、中士。

【掌节】官名。《周礼》地官司徒的属官有掌节，职掌宫中门鉴符节。秦汉时期，改设符节令，隶属少府，后代相沿。见"令"字"符节令"。

【掌客】官名。《周礼》秋官司寇的属官有掌客，职掌接待四方宾客。按其等级，规定招待礼数（如依据爵位的高低规定饮宴壶、豆、鼎、簋的数目等），供给宾客家畜和饮食物品等。后世北周仿《周礼》也在秋官府设东南西北掌客上士、中士，分别接待四方使节。隋唐时期，掌客隶属典客署。

【掌礼司】官署名。即掌仪司。见"掌"字"掌仪司"。

【掌皮】官名。《周礼》天官冢宰的属官有掌皮，专管王室皮革收藏和皮毛物品制作。

【掌囚】官名。《周礼》秋官司寇的属官有掌囚，职掌罪犯拘禁。

【掌舍】官名。《周礼》天官冢宰的属官有掌舍，职掌设置天子与诸侯会面时的临时宫舍，根据地形等条件，用兵车、土墙、帷幕等为围墙。

【掌书】官名。①战国时期，齐国设置，专为君主保管文书。

②唐代，太子内官"掌书司"设置掌书，掌宝、符契、经簿、廪赐等。③清代，在衍圣公府（衍圣公，孔子嫡派后裔的世袭封号）设置，掌管文书印信。

【掌书记】地方官名。全名"节度掌书记"，唐代设置，是掌管一路军政、民政机关的机要秘书，大凡表奏文辞之事都由其主管。简称"掌记"。

【掌讶】官名。《周礼》秋官司寇的属官有掌讶，职掌接待各邦国宾客礼节。讶，迎接之意。宾客来，掌讶负责通知、准备接待所需物资，并与讶士同出迎接，还要随时处理宾客的诉求，直至护送宾客出境。北周仿《周礼》也在秋官府设掌讶中士、下士。

【掌仪司】官署名。职掌宫廷祭祀礼仪乐舞，兼稽太监品级、果园赋税。隶属清代内务府，初名钟鼓司，顺治十三年（1656年）改称礼仪监，十七年改称"礼仪院"，康熙十六年（1677年）改称"掌仪司"，清末避溥仪讳，又改称"掌礼司"。

【掌院学士】官名。清代翰林院的长官。

【掌正】官名。隋代在"尚官局"设置此官。唐代改称"掌记"，而在太子内官"掌正司"设置"掌正"，负责文书收发、目录登记、门户启闭、纠察推罚等事。

【掌馔】官名。金代设置，与奉馔同掌管饮食、汤药、酒醴、蔬果等事务。

12."正"字与职官

"正"（zhèng），甲骨文作 。字形上方的方格或圆圈象征着城邑，下方是止，代表人的脚。合起来表示人抬脚往城邑走去，即"正"的本义指远行。这个意义后来写作"征"。

《说文·正部》："正，是也。"《说文·是部》："是，直也。"可见，"正"是指正中，不偏斜。《论语·乡党》："席不正，不坐。"① 　《荀子·君道》："仪正而景正。"②

由"正中、不偏斜"引申为作风正派、正直。《管子·权修》："凡牧民者，欲民之正也；欲民之正，则微邪不可不禁也。"③

由"作风正派、正直"引申为官

---

① 座席摆得不端正，不坐。
② 立柱端正，影子就端正。景，同"影"。
③ 凡是统治者，都希望老百姓为人正直；要老百姓为人正直，小恶就不能不禁止。

长、君长。《尚书·说命下》："昔先正保衡，作我先王。"① 如"工正""酒正""学正"等，见下文。

"正"作为动词，是使之正的意思，即引申为纠正、匡正。《荀子·王制》："正法则，选贤良。"② 有些官名取义于此，如"正字""正言"等，见下文。

【道正】地方官名。道正司的主官，掌管一州道教事务。元、明、清皆有设置。

【工正】官名。掌管百工和官营手工业。春秋时期，齐鲁宋楚等国设置，战国相沿。楚国或称"工尹"。见"尹"字"工尹"。

【酒正】官名。酒官之长，掌管有关酿酒的政令。周代设置，隶属天官冢宰。

【里正】地方官名。唐代，以百家为一里，五里为乡，每里设置"里正"一人，为一里的行政官。明代改称"里长"。每个朝代对里的规模大小不一。

【牧正】官名。牧官之长，掌管畜牧。周代设置。

【南北军正】官名。汉代南北军中的执法官。

【庖正】官名。管理王室牲畜、禽兽的厨作。周代设置，隶

① 从前，先王的官长保衡，使我们的先王兴起。
② 纠正法令，选举贤良。

属天官冢宰。又称"庖人""庖宰"。

【僧正】地方官名。僧正司的主官，职掌一州佛教事务。唐宋元明清时期，皆设置。

【侍正】官名。职掌冠带衣服、左右给使之事。金代设置，隶属詹事院。

【署正】官名。清代，光禄寺设有大官署、珍馐署、良酝署、掌醢署等，其长主官称署正。

【水正】官名。水官之长，职掌治水。周代设置。

【陶正】官名。职掌陶器制作。周代设置。

【廷尉正】官名，即大理正。见"理"字"大理正"。

【五官正】职掌司四时，各司其方之变异。大体是负责气象监测的。唐代设置，司天台属官有春官正、夏官正、秋官正、冬官正、中官正各一人。五官正是其统称。

【校正】官名。马官之长，职掌牧马。周代设置。

【学正】①中央学官。宋、元、明、清时期，国子监所属的学官。协助博士教学，并负有训导的责任。②地方学校学官。元代路、州、县学及书院设学正，明清州学设学正，与训导共同负责州学的管理和课业。

【正言】官名。职掌规谏。宋代初期改唐代的左右拾遗为左右正言，分别隶属门下省和中书省。

【正字】官名。职掌校雠典籍，刊正文章。北齐时期，秘书省设置正字，隋唐宋相沿，地位略次于校书郎。"初唐四杰"之一的陈子昂就曾因文学受武则天赏识，被授予麟台正字一官。

13. "主"字与职官

"主"（zhǔ），小篆作 。字形下方是灯架、往上是灯盏，顶上是火焰。从字形可看出"主"的本义是灯芯上的火焰，是"炷"的本字。《说文·丶部》："主，灯中火主也。"① 灯芯上的火焰是灯的主体、中心，由此泛指事物的主体、根本、起决定作用的东西。《周易·系辞上》："言行，君子之枢机；枢机之发，荣辱之主也。"②

"主"由表示事物主体、根本、起决定作用的东西，引申作动词，表示主持、掌管。《孟子·万章上》："使之主祭，而百神享之，是天受之；使之主事，而事治，百姓安之，是民受之也。"③ 含有"主"字的官名，多取义于此，表示主持、掌管某

---

① "主"是灯中的火炷。
② 言论行动，是作为君子的关键；关键一发动，成为决定荣辱的东西。
③ 让他主持祭祀，所有神明都来享用，这便是天接受了；让他主持工作，工作做得好，百姓安心，这便是百姓接受了。

事务的长官。如"主客""主书""主簿"等，见下文。

"主"由表示主持、掌管，引申为官名，表示长官、首长。如"戍主""团主"等，见下文。

【大理主簿】官名。职掌大理寺之印章，凡官吏抵罪及豁免，皆立簿籍。

【戍主】地方官名。负责镇守具体军事据点。南北朝至隋唐设置。

【团主】地方官名。唐代府兵低级军官之名。

【主簿】官名。簿，登记事物的册子。主簿，即主掌文书簿籍之义。主簿负责文书簿籍的抄写、整理、存档，并负责供给纸笔杂用等。一般机构都需要主管文书簿籍的官员。古代官府都设有主簿，上至三公、御史府，下至九寺五监，以至地方郡县多设置主簿。魏晋以来卿寺中的主簿是正规的事务官。

【主计】官名。主管国家财富，计其出入，所以名为主计。汉代设置。另一说，"主计"指的是"计相"的职务，而非官名。

【主爵】官名。职掌封爵相关事宜。秦代设置主爵中尉，汉景帝时期改称主爵都尉。汉武帝时期改名右扶风，成为地方行政长官，又变成行政区之名，与原先的职掌完全不同。隋代在吏部设置主爵侍郎。唐代改称"司封"，是吏部所属各司之一，主爵之名废除。

【主客】官名。职掌礼仪宾客。战国时期齐国设置。汉成帝时期尚书有客曹，主要负责接待外国使人。东汉、魏晋相沿。晋代又分左右南北四主客，南朝只有主客。唐宋到明清时期，主客是礼部所属的各司之一，职掌藩国朝聘之事。

【主书】官名。主管文书事务。晋代中书省开始设置，本任用武官，南朝宋时期改由文吏担任。南朝齐设置主书令史。后代相沿，或称"主书"，或称"主书令史"。宋代废除。

【主司】科举考试的主试官。

【主章长】官名。章为大木材之义。主管木材以供建筑之用。汉代设置，隶属将作大匠。

14. "宗"字与职官

"宗"（zōng），甲骨文作 🀀、🀁，金文作 🀂，小篆作 🀃。从宀从示，会意字。"宀"表示房屋，"示"表示神主牌。《说文》："宗，尊祖庙也。""宗"的本义是指设有祖先神位的房子，即供奉先人的祖庙。《周礼·春官宗伯·肆师》："凡师甸，用牲于社宗。"①

① 大凡出师和田猎，要用牺牲祭祀土神和宗庙。

"宗"由祖庙引申指祖先。《左传·成公三年》："而使嗣宗职。"① 又由祖先引申指同祖的人，宗族。《史记·秦始皇本纪》："车裂以徇，灭其宗。"②

古代以"宗"得名的官，多是负责宗族事务的。如"宗令""宗正"等，见下文。

【家宗人】官名。据《周礼》记载，为春官宗伯的属官，职掌卿大夫家祭祀之礼。

【宗伯】官名。职掌宗庙祭祀。西周时期，太史寮的重要职官之一，太史的属官，又称"太宗""上宗""太祝"或"宗祝"。《礼记·春官宗伯》中记载，宗伯为管理典礼、宗庙、音乐、占卜、复试、宗教、史册等事的"礼官"，其长官为"大宗伯"，次官为"小宗伯"。后世文人以"大宗伯"尊称"礼部尚书"，以"小宗伯"称"礼部侍郎"。

【宗令】官名。清代，宗人府的长官，由宗室王、公担任。掌管皇室宗族事务。

【宗人】官名。明代设置"宗人府"，长官为"宗人令"，下有属官左右宗人，负责宗人府内具体事务。见"府"字"宗人府"。

【宗人府】官署名。明清时期，掌管皇室宗族事务的机构称

---

① 而让下臣继承宗子的地位。
② 车裂示众，并且夷灭他们的宗族。

"宗人府"。明代改元朝设置的"大宗正院"为"宗人府"。长官为"宗人令",由皇族亲王担任,下置左右"宗正"、左右"宗人"等官。掌管宗室人丁的名籍,按时修玉牒(皇室族谱),记录宗室子女嫡庶、名封、嗣袭、赏罚、生卒、婚嫁、谥葬等事。

【宗人令】官名。明代改"大宗正院"为"宗人府",长官为"宗人令"。见"宗"字"宗正"。

【宗正】官名。管理王室亲族事务的长官。秦汉时代设置,由皇族中人担任,为九卿之一。汉平帝元始四年(4年),更名为"宗伯"。王莽时期又改称"秩宗"。东汉时,设置"宗正卿"。隋唐宋时期,设置"宗正寺",长官称"宗正寺卿"。明代,改为"宗人府",长官称"宗人令"。

【宗正寺】官署名。晋代开始设置宗正寺,唐宋相沿,是管理皇室宗族事务的机构。

【宗祝】官名。周代,又称"宗伯"为"宗祝"。见"宗"字"宗伯"。

【宗子】预计继承王位或皇位的嫡长子称"太子",也称"宗子"。

三、汉字与地方职官

1. "参"字与职官

"参"（cān），本读 shēn，金文作 ，小篆作，楷书作参，简化作参。金文字形像参宿三星在人头上，左下方象征三星放射出的光芒。《说文》把小篆字形分析为从晶，参声，形声字。楷书上部经隶变后写作厽，现在简化为厶。

"参"（shēn），本为星宿名，二十八宿之一。《诗经·召南·小星》："维参与昴①。"参宿主要由七颗星组成，其中间有三颗斜横成一直线，人称参宿三星。《诗经》中有"三星在天""三星在隅"等语，即指此参宿三星。

由参宿三星引申为配合成三的，读 sān，后来写作叁或三。《说苑·修文》："诸侯四匹乘舆，大夫曰参舆。"②

---

① 昴（mǎo），星宿名。
② 诸侯用四匹马拉的车，称乘舆；大夫用三匹马拉的车，叫参舆。

由"配合成三"再引申为"参与、参议",读 cān。《汉书·赵充国传》:"朝廷每有四夷大议,常与参兵谋。"① 与"参"相关的官名,多表示"参与、参议"义,如"参军事"等,见下文。

【兵曹参军】官名。见"参"字"司兵参军"。

【参将】地方官名。①明代制度,总兵官之下有参将,分守各地。②清代制度,参将是比副将低一级的武官。参将协助提督、巡抚总理营务者,负责防守巡逻。③清代河道总督的属官也有参将,掌管调遣河工、守汛防险等事务。

【参军】地方官名。东汉末期,参谋军事称参某军事。晋代以后军府和王国开始以其为官名,设置官员。隋唐相沿,唐代在州一级也设置参军。

【参军都护】官名。东晋时设置,为丞相的属僚,职掌兵事。

【参军事】地方官名。东汉末期,曹操以丞相统兵,其幕府中任事者多称参丞相军事,本来并非官名。到南北朝时期,便直接以参军为官名,而按参军性质再加区别,如咨议参军职掌军中谋划,记室参军职掌军中文翰。凡亲王、将军、都督的幕府多设此官。唐代的州刺史的属官也以参军事为名,简称"参军"。

【参领】地方官名。清代八旗制度中甲喇额真(或称甲喇章京)的汉名为参领。

---

① 朝廷每当有关于四夷的重大讨论,经常请他参与军事谋划。

【参谋】地方官名。唐、宋节度使及各路统帅所属幕僚之一，职掌参议谋划。

【参谋军事】宋代的"参谋官"或称"参谋军事"。

【参议】地方官名。宋代有参议军事之官，职掌参议军事谋划，位在参谋之下。明代，在布政使下设左右参议，以分领各道。清初相沿，乾隆时废。明清时期，在通政使司之下，也设了参议一职，是通政使的辅佐官。

【参议朝政】官名。唐代，非三省（尚书、中书、门下）长官出任宰相时，必须加此官名。由皇帝随时授予。至唐高宗明确定下"同中书门下平章事"官名后，参议朝政的官名废除。

【参预朝政】同"参议朝政"。见"参"字"参议朝政"。

【参赞】官名。①明代巡抚兼任总兵时称参赞。②清代在新疆伊犁将军下设参赞，又在塔尔巴哈台、乌什等处各置参赞大臣。见"臣"字"参赞大臣"。③清末，在东北三省及西藏地区各设左右参赞，以辅佐总督及办事大臣料理公务。又在驻外国公使馆设参赞以辅佐"公使"办理外交事务。

【参政】①中央官名。宋代为"参知政事"的简称。元代中书省设参政，与左右丞同为副宰相，而位在其下。②地方官名。明代，在布政使下，设左右参政，以分领各道。后代仅作为兼衔。清初相沿，乾隆时废除。

【参知政事】中央官名，简称"参政"。宋代初期，在同平章事之下设参知政事，以分宰相赵普之权，后来逐渐成为定制。参知政事与枢密使、副使、知枢密院、同知枢密院并称"执政官"，与宰相合称"宰执"，虽然品级不同，实际上也是宰相的副职。

【仓曹参军】官名。见"参"字"司仓参军"。

【法曹参军】官名。见"参"字"司法参军"。

【功曹参军】官名。见"参"字"司功参军"。

【户曹参军】官名。见"参"字"司户参军"。

【士曹参军】官名。见"参"字"司士参军"。

【司兵参军】地方官名。汉司隶校尉的属官有兵曹从事史，有军事则置之以主兵事。北齐各州有中兵、外兵、骑兵等参军，郡有兵曹掾佐。隋各州及左右卫等军府有兵曹参军。唐诸卫府、东宫诸率府、王府、京府、都督府、都护府均称兵曹参军，诸州称司兵参军，职掌军防、烽驿、门禁、田猎、仪仗等事。

【司仓参军】地方官名。即司仓参军事。两汉有仓曹史，主管仓库。北齐以下，称为"曹参军"。唐在诸卫府、东宫诸率府、王府、京府、都护府、都督府设置仓曹参军，在州设司仓参军，在县设司仓佐。

【司法参军】地方官名。即司法参军事。两汉郡僚佐有决曹、贼曹掾，主掌刑法。北齐与隋称法曹行参军。唐代在府设法曹参军，在州设司法参军，在县设司法佐。宋有司法参军，掌议法断刑，又有司理参军，职掌讼狱勘察。

【司功参军】地方官名。即司功参军事。两汉郡僚佐有功曹史。北齐及隋初称功曹参军，隋文帝改称司功参军，隋炀帝改称司功书佐。唐代在府设置功曹参军，在州设置司功参军，在县设置司功佐，负责官员、考课、祭祀、礼乐、学校、选举、表疏、医筮、丧葬等事。

【司户参军】地方官名。即司户参军事。汉魏以来，州郡僚佐有户曹掾，主管民户。隋初称户曹参军，隋文帝改称司户参军，隋炀帝改称司户书佐。唐代在府设户曹参军，在州设司户参军，县设司户佐。宋代各州置司户参军，掌户籍、赋税、仓库交纳等事。

【司士参军】地方官名。即司士参军事。北齐及隋初各州设士曹行参军，隋文帝改称司士参军，隋炀帝改称司士书佐。唐代在府设士曹参军，在州设司士参军，在县设司士佐，执掌河津及桥梁、官舍营造等事。

【司田参军】地方官名。即司田参军事。唐景龙三年（709年），在诸州加置司田参军，在府称田曹参军事。执掌园宅、口分田、永业田及荫田，后废置不定，不设时，职能归入司户。

【田曹参军】官名。见“参”字“司田参军”。

2.“都”字与职官

“都”（dū），金文作𨜞，小篆作𨜞。从阝（邑），者声，形声字。《六书故·工事二》：

"都，邑之大者曰都。"本义是指大城市。《左传·隐公元年》："都城过百雉，国之害也。"①

都邑是人、物汇聚的地方，于是引申为聚集。《广雅·释诂》："都，聚也。"《水经注·文水》："湖之西侧，临湖又有一城，谓之潴城，水泽所聚谓之都，亦曰潴，盖即水以名城也。"②

由聚集又引申为总、总汇。曹丕《与吴质书》："顷撰其遗文，都为一集。"③ 与"都"相关的官名，多表示总管、总理之意。王先谦注《汉书·百官公卿表》："都，总也。"

【大都护】地方官名。唐代在西安、北庭等地置大都护府，设大都护一人、副大都护二人、副都护二人，下有长史、司马、录事参军事等。参见"都"字"都护"。

【都督】地方官名。①都督本为监督军队的官。汉代末期，指在军中执法和办理事务的武官。②三国初期，开始作为领兵将帅的官号。汉代末期，领兵官多称"督"，驻一地者为"某地督"，领某部者为"某部督"。魏晋南北朝时期，渐以大督、都督、都督中外诸军事等为统领诸军者的官号。后代一般作为总领兵马的临时统帅的称号。③地方军政长官。全称"都督诸州军

---

① 大城市围墙的长度超过三百丈，就会成为国家的危害。
② 在湖的西边，临近湖又有一座城，称之为"潴城"，水泽汇聚的地方叫作"都"，也叫"潴"，大概是用水名来命名这座城市。
③ 近来编订他们遗留下来的文章，汇合成一本文集。

事"。魏文帝时期开始设置，权位最高者称"都督中外诸军"或"大都督"。魏晋南北朝时期，都督诸州军事常兼任驻地的州刺史，总揽驻地的军民之政。北周及隋，改称"总管"。唐初相沿，不久改称"大都督""都督"。大都督多由亲王遥领，边地重镇另加旌节，故称"节度使"。唐景云二年（711年），以贺拔延嗣为凉州都督充河西节度使。

【都官】①官名。西汉司隶校尉的属官有都官从事，负责纠察京师各府衙官员的不法行为。②官名。三国时代，魏设置"都官郎"，职掌军事刑狱。③官署名。南朝宋设置"都官曹"，职掌刑狱。长官称"都官尚书"。梁、陈、北魏、北齐、隋相沿。隋开皇三年（583年）改都官为刑部，下属第一司称"都官司"。

【都护】地方官名。都护的意思为"总监"。汉宣帝神爵二年（前60年）在西域设置都护，称西域都护，是驻西域地区的最高行政长官。后废置无常。晋、宋以后，广州有西江都护与南江都护，专征讨之任，与西汉时期的都护不同。唐朝前期在边缘镇守及地势险要之地，分别设置安东、安西、安南、安北、单于、北庭六大都护府，各置大都护、副大都护（或副都护），是主管辖区边防、行政和民族事务的最高行政长官。明清时期废除。

【都讲】官名。汉代主持学舍的官员，相当于今天的"校长"。

【都吏】官名。见"吏"字"都吏"。

【都内】官署名。职掌宫中钱库。汉代设置，有都内令、都内丞，隶属大司农。宫中钱库，又称"大内"，都内为掌管钱库之义。

【都事】官名。西晋、南北朝时期，设置尚书都令史，为左、右丞的辅助官，处理尚书省日常事务。隋朝改称"尚书都事"，分属六尚书。唐代在尚书省也设置此官，主管收发文件、稽察缺失及监印等事。其他中央署衙、地方官府也设置此官。明代，中央和地方主要官署也都设置"都事"。

【都水监】官署名、官名。见"监"字"都水监"。

【都水使者】官名。都水即总领水官之意。专管全国水利灌溉的治水官，如陂池灌溉、保守河渠。秦代，设置都水长、丞负责。西汉初期的治水之官，比较分散，太常、少府、水衡都尉、三辅（指京城附近地区）都有治水官，官名也叫都水长、丞。汉武帝时期，开始设置左右都水使者，总领治水官。东汉时期，改称河堤谒者。西晋时期，设置都水台，长官即称都水使者，以河堤谒者为属官。隋唐时期，官署名与官名都称都水监，后来改官名为都水使者。

【都指挥使】地方官名。五代开始用作统兵将领的称号。明代在各省设置都指挥使司，简称"都司"，长官为"都指挥使"，是地方的最高军事长官。

【都转运使】地方官名。宋代设置，又称"转运使"，本为延续唐代转运使的设置，实际上名同而实异。名义上是管一路（宋代的行政分区）的财赋，实则管一路的民政，为州的上级监督，是宋代最高一级行政区"路"的长官。

【中都官】官署合称。两汉京师各官署的统称。

3. "督"字与职官

"督"（dū），小篆作𥄉。从目，叔声，形声字。《说文·目部》："督，察视也。"（依《段注》本）本义是察看，督察。《汉书·景十三王传》："上书愿督国内的盗贼。"①

引申为督率、统领。《三国志·吴书·周瑜传》："十一年，督孙瑜等讨麻、保二屯。"②

再引申指统率军队的将领。《三国志·吴书·吴主传》："瑜、普为左右督，各领万人。"③

含有"督"字的官名，通常取义于以上三义。如"督军""督护""门下督"等，见下文。

【仓督】官名。见"司"字"司仓"。

【督护】地方官名。东晋时期开始设置，别名"都护"。督护中有参军督护和东曹督护，都为丞相属僚，掌一方兵事。

【督军】地方官名。东汉光武帝时期设置督军御史，负责监军。汉末与曹魏时期，在郡国置督军，系地方领兵官。魏文帝取

———————

① 上书愿意督察国内的盗贼。
② 十一年，（周瑜）督率孙瑜等人讨伐麻屯、保屯。
③ （孙权任命）周瑜、程普为左右督，各自领兵万人。

代汉帝，封汉献帝为山阳公，置山阳国督军以防之。这是临时设置，非常设官职。

【督邮】地方官名。汉代设置，郡守的重要辅佐官。汉代督邮位轻权重，凡传达教令、督察属吏、案验刑狱、检核非法等，无所不管。郡分部，部也都置督邮，如西部督邮、东部督邮等。魏晋开始，督邮地位渐不如前朝。后来设置渐少。隋初废郡，督邮亦废。

【门下督】地方官名。三国时期有门下督、帐下督之称，即将帅手下直属部队的将领。当时统兵之官多以督为名，如前部督及先锋指挥、左右督及左右翼指挥等。

【提督】地方官名。明嘉靖年间，京营设有提督，文臣、武臣与宦官并用。总兵的衔称上也有加"提督"字样的，都不是常设官职之称。至万历年间，李加松为提督陕西军务总兵官，尽统辽东、宣府、大同诸道援军，事权渐重。此后提督为总兵以上的武官名称。提督的职务为统辖绿营的官兵及分防的营汛（驻兵地点大者为营，小者为汛），节制各镇总兵而听总督或巡抚的指挥。

【总督】地方官名。明英宗正统六年（1441 年），以麓川用兵，使兵部尚书王骥总督军务，总督之名始于此。后来设置渐广，但总督在明代仍为临时差遣性质，其职名必列举管辖事宜，如"总督陕西三边军务""总督两广军务兼理粮饷带管盐法兼巡抚广东地方"，明时的"两广总督"等是简称。清代总督逐渐明确为地方最高行政长官，比明制有所发展，但正式官名仍如明制，如两江总督全称为"总督两江等处地方提督军务、粮饷、操江，统辖两河事务"。清代总督为从一品官，综理军民要政，统辖文武官员。各省总督依例均有兼衔，雍正元年（1723 年）规定，除授为兵部尚书例兼都察院右都御史外，漕运、河道总督，依巡抚加衔，一般为兵部右侍郎兼右副都御使。别设漕运、河道总督等专管某项政务。

4. "吏"字与职官

"吏"（lì），甲骨文作![]，金文作![]，小篆作![]，字形相承。甲骨文的下部是右手，上部不明，有人认为是捕捉禽兽的长柄网。《说文》："吏，治人者也。"吏是古代官员的统称。战国以前，官员无论大小都可以称吏。既可称高官，如《左传·成公二年》："王使委于三吏。"①"使""委"同义连用，委任。"三吏"即"三公"，指司徒、司马、司空。也可称低级官员，如《荀子·强国》："及都邑官府，其百吏肃然。"②

战国以后，吏一般指低级的官员。《史记·李斯列传》："年少时，为郡小吏。"③ 汉乐府《孔雀东南飞》："君既为府吏，守

---

① 周天子把接待的事情委任给三公。
② 到了县邑官府，这里的官吏严肃认真。
③ （李斯）年轻时，在郡里担任小吏。

节情不移。"① 郡吏、府吏都是地方官府中的小官。

后来主要指府衙中协助长官处理各种具体工作的办事人员。唐代杜甫《石壕吏》:"暮投石壕村,有吏夜捉人。"

职官中的"吏"主要指低级的官员,如"仓吏""少吏"等,见下文;也指高级官员,如上古的"三吏"、清代的"封疆大吏",见下文。

【仓吏】地方吏名。主管县内仓储,为县库的长官。

【都吏】地方官名。据《汉书·文帝纪》颜师古引如淳注释,都吏即督邮的别称,负责到县乡察视责罚、宣达教令等事。见"督"字"督邮"。

【封疆大吏】清代的总督、巡抚总揽一省或数省的军政大权,一般把他们与古代分封疆土的诸侯相比拟,因称"封疆大吏"。或称"疆臣""疆吏"。

【甲吏】官名。周代设置,负责管理皮革。

【吏目】地方官名。主要职务为刑狱和官署内部具体事务。元明清时期的制度,知州的直接属官为吏目,明清为从九品官。直隶州及散州都一样。

【三吏】西周春秋时期"三公"或"三卿"的总称。

【上计吏】地方官名。汉代王国或地方郡县负责入京执行上

---

① 你既然做了府吏,就应遵守节操,不为私情所移。

计的人员称"上计吏",或称"上计使者""计吏"。上计是古代的官吏考课制度之一,也就是地方行政长官向朝廷汇报地方治理状况和朝廷用以考察地方行政长官政绩的方式之一。战国时期开始,到秦汉时期逐渐趋于完备。汉代,每年由县令(或县长)将本县的户口、耕田、钱谷出入等编为计簿,呈送到上一级的郡国;郡守或国相汇总后,以副本上报中央丞相,称为"上计"。朝廷根据计簿对郡守、国相进行考核,有功者受赏,有过者受罚。各地所呈上的计簿,最后集中到丞相府,由计相把这些计簿存档保管。

【少吏】汉代称俸禄在百石以下的低级官员为少吏。

【狱吏】吏名。负责管理囚徒。

【园吏】地方吏名。主管园囿的小官。

【长(zhǎng)吏】古代对地位较高的官吏统称长吏,一般指朝廷命官。①据《汉书·景帝纪》记载,吏俸禄六百石以上的称长吏。②据《汉书·百官公卿表》记载,县令、县长都有丞、尉,俸禄二百石至四百石,称为长吏;而一百石以下有斗食佐史之秩,是为县少吏。

【朱衣吏】吏名。穿红衣在前引路或传告的小吏。

5. "录"字与职官

"录"(lù),繁体字作"録"。 "录""録"本是两个字:

"录"，叠音作"录录"，表示可数之貌；"録"，是"记録"的"録"。简化字用"录"来代替"録"。

"録"，小篆作，从金，录声，形声字。《说文·金部》："録，金色也。"本义是金色，但本义很少使用。"録"的基本义是记録。下面，"録"的词义发展按简化字都写作"录"。

"录"假借为"记载、记录、刻录"，成为基本义。《广雅·释诂》："录，具也。"《韩非子·大体》："豪杰不著名于图书，不录功于盘盂。"①

引申为"采纳、录用"。《论衡·别通》："或观读采取，或弃捐不录。"②

又假借为"统领、总领"。《后汉书·章帝纪》："其以憙为太傅，融为太尉，并录尚书事。"③ 与"录"相关的官名，多取义于此。

【录尚书事】西汉末期开始设置，最初称"领尚书事"。汉昭帝即位，大将军霍光秉政，领尚书事。东汉自和帝起，每代皇帝即位，辄置太傅，录尚书事。录是总领的意思。录尚书事，则总领尚书事宜，独揽大权，无所不总，所以权力在其他公卿大臣之

① 豪杰不在书籍里书写名字，不在盘盂上刻录功勋。
② 有的人能够阅读、择取，有的人却抛弃、不予采纳。
③ 拜赵憙为太傅，司空牟融为太尉，两人一并统领尚书事务。

上。汉末魏晋时期，凡掌权的大臣大都带此称号。到南北朝时期，既无专任的宰相，又无正式宰相的名称，凡是实际担任宰相之职的人往往加上"录尚书事"的头衔，当时号称"录公"。

【录事】①中央官名。隋唐时期，九寺、五监的主要属官有录事，掌管文书。②地方官名。唐代县令下属官员，职掌受事发赈，勾检稽失。

【录事参军】中央、地方官名。晋代公府设置录事参军，负责总录众官署文簿，记录善恶，简称"录事"。后代刺史拥有军队而自开官署、自招幕僚的也设置录事参军，变成地方官员。唐宋相沿，为了区分地方的"录事"和中央官署的"录事"，中央的改称"司录参军"。元代废除。

【学录】①国子监所属学官，负责执行学规、协助博士教学。宋、元、明、清均设置。②元代路学的学官。负责协助教授教育所属学员。

6. "牧"字与职官

"牧"（mù），甲骨文作 𢼄 或 𤘈，金文作 𤘙，小篆作 𤘖，字形的一边是牛，代表牲畜，另一边是手里拿着棍棒，合起来表示放牧。《玉篇·攴部》：

"牧，畜养也。"

引申之，"牧"指管理、统治。《韩非子·说疑》："此圣王之所以牧臣下也。"①

再引申，"牧"作名词用，为职官名，主要指州一级长官。如"州牧"等，见下文。

【府牧】地方官名。唐代"三都府"（分别是上都京兆府、东都河南府、北都太原府）长官为府牧。府牧由亲王挂名遥领，实际并不到任，实际的行政长官是府尹。三都府的组织机构和官员设置为府牧一人、府尹一人、少尹二人，下设司录、功曹、仓曹、户曹、兵曹、法曹、士曹、参军事、府学等机构，分别由各曹参军事掌管，府学（唐代地方政府的学校）则由经学博士掌管。

【牧伯】古代，州牧和方伯之合称，指封疆大吏。明代，为布政使的别称。

【牧场统辖总管】官名。清代，置统辖两翼牧场总管一人，由察哈尔副都统兼任。两翼牧场各置总管一人，翼长一人，护军校四人，皆由蒙古人担任。

【牧夫】官名。古代称治民之官为牧夫，又称牧司。

【牧监】见"监"字"诸牧监"。

---

① 这是圣王用来统治臣下的手段。

【牧令】原指州牧和县令。清代用作对知州、知县的尊称。见"牧"字"州牧"。

【牧民官】明代，对知府、知州、知县的统称。

【牧人】官名。西周开始设置，或简称"牧"。《周礼》地官司徒的属官有牧人，负责管理家畜饲养和繁殖等事，以供祭祀之用。

【牧师】官名。①商代设置，为地方长官。②《周礼》夏官司马的属官有牧师，职掌牧地，主管畜牧。汉代称"牧师苑令"，主管养马。

【牧守】汉代，称州长官为州牧，郡长官为郡守。州牧、郡守合称为牧守，是封疆大吏。

【牧宰】泛指州县长官。州官称牧，县官称宰。

【牧长】官名。唐代始置，为太仆寺厩牧署的属官，掌管放牧马匹。清代，亲王府、郡王府均设有此官，管理繁育牛马之事。

【牧正】官名。见"正"字"牧正"。

【州牧】地方官名。一州的最高统治者。上古传说，全国分为十二州或九州，州之长称为州牧。

西汉时期，全国分为十三部（州）。汉武帝于十三部各置刺史一人，负责纠察郡守、国相，其后权力逐渐增大。

汉成帝绥和元年（前8年）改刺史为州牧，位次九卿。汉哀帝初期恢复旧制，末年又改为州牧。光武帝建国不久，仍旧施行刺史旧制。黄巾起义后，汉灵帝又改刺史为州牧，以朝廷重臣出任，赋予军、政、民事大权。从此，州成为郡县之上的一级政区，州牧成为一州之长，为地区最高行政长官。后来州牧拥兵自大，逐渐造成地方割据局面。刘璋父子、刘表、袁绍等皆以州牧雄踞一方。

魏晋以后，最高统治者有鉴于州牧之权太重，难以控制，便废止不复设，又改称刺史。州牧之名此后虽不复存在，但隋唐时期京畿的地方长官仍称雍州牧，唐代多以亲王领其名而不居其位。宋则沿唐例，在开封府置牧。清代虽在文字上仍尊称知州为州牧，与知县并称"牧令"，但权势远不能与前代州牧相比。

7. "判"字与职官

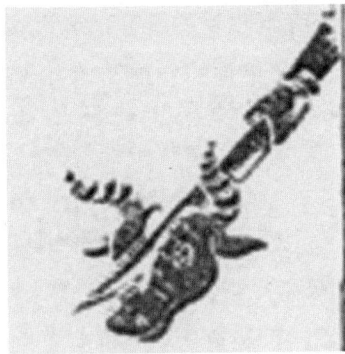

"判"（pàn），小篆作勒。从刂（刀），半声，半兼表义，形声兼会意字，会合用刀把一个整体分成两半之意。《说文·刀部》："判，分也。"本义是分，分开。《墨子·备穴》："令陶者为月明①，长二尺五

---

① "月明"当为"瓦罂"。瓦罂，陶制的小口大腹容器，常用以盛酒。

寸，六围，中判之，合而施之穴中。"①

由分开引申指区分、分辨。《晋书·殷仲文传》："宜置极法，以判忠邪。"②

由区分、分辨引申为对狱讼的审理和判决。《宋书·许昭先传》："叔父肇之坐事系狱，七年不判。"③

负责判决狱讼的官也叫"判"。如"州判""通判""判司"等，见下文。

另外，唐宋官制，高官兼任低职的官也叫"判"。如"判度支""判户部"等，见下文。

【判度支】官名。度支本是户部所属的一个司。唐代中期以后，因军费开支增大，常以尚书、侍郎兼领度支事务，称"判度支"或"度支使""知度支事"，职权、责任极其重大。

【判官】地方官名。唐代特派担任临时职务的大臣可以自选中级官员，奏请充任判官，以资佐理。唐睿宗以后，节度、观察、防御、团练等使均有判官，也是由本使自行选充，以备佐理，非常设官职，而为僚佐。宋代沿置于各州、府，选派京官充任时称签书判官厅公事（简称"签判"）；各路经略、宣抚、转运和中央的三

---

① 让陶匠制作瓦罂，其长有二尺五寸，大有六个人合抱，然后把它从中分开，再合起来陈放在洞穴里。

② 应该设立极刑，以区分忠正与奸邪。

③ 叔父许肇之因事犯罪被拘入牢狱，七年没有审判。

司、群牧等使亦设判官，职位略低于副使。元代分设于各路总管府、散府及州，明代仅设于州，职位渐轻，清代改为"州判"。

【判户部】官名。唐代中期以后，往往特派户部以外的其他大臣兼管户部的事务，称为"判户部"。如果本身就是户部的官，则称"判本司"。如果没有加"判本司"的官衔，则等于并不担任户部的实职，不能插手户部事务。唐德宗时曾一度试图纠正这种畸形的制度，恢复户部各司的本职。但无奈旧制已经形成，户部官员久已经放弃本部职务，无从措手，不久乃作罢。

【判司】地方官名。唐代节度使、州郡长官的僚属，掌管批判文牍等事务。

【通判】地方官名。宋初开始在各州府设置，职能是与知州、知府共同处理政务。其地位略次于州府长官，但握有联合署名州府公事和监察官吏的实权，故号称"监州"。明清亦在各府设置，但职能转为分掌粮运及农田水利等事务，职务远较宋初时要轻。

【州判】地方官名。清代知州的辅佐官。见"判"字"判官"。

8. "守"字与职官

"守"（shǒu），金文作𡩻、𡩋，小篆作𡩻，从宀，从又或从寸（又、寸都是手，同意），会意字。"守"的本义是防守、守卫，与"攻"相对。《玉篇·宀部》："守，护也。"《周易·坎》：

"王公设险以守其国。"①

引申之，指掌管，管理。《左传·昭公二十年》："山林之木，衡鹿守之；泽之萑蒲，舟鲛守之。"② 有些职官中的"守"即用此义，如"守备""守祧"等，见下文。

用作名词，指守臣，即地方长官，如"郡守""太守"等，见下文。后用作郡守、太守、刺史等的简称。

【郡守】地方官名。一郡的最高行政长官。郡最早建于边地，是为加强边防守卫而建，担负着国防重任，所以长官称为郡守，从秦代开始设置。汉景帝中元二年（前148年）改称太守。秦代制度，地方官职与中央官职相为表里，中央以丞相、太尉、御史大夫分掌最高政务、军务、监察三权。地方则以郡守、郡尉、郡监与之相应。汉代初期，也相沿此精神，只将负责监察的郡监改为刺史。我国古代著名的水利专家李冰就是秦昭王时蜀郡的郡守。

---

① 王公设置险阻来守卫他的国家。
② 山林中的树木，衡鹿官管理它；洼地里的芦苇，舟鲛官管理它。衡鹿、舟鲛，官名。

【牧守】见"牧"字"牧守"。

【守备】地方官名。①明代设南京守备，节制本区各卫所，为重要军职。②明代于总兵下设守备，驻守城哨，地位次于游击将军，无定员。③清代绿营统兵官，分领营兵，位在都司之下，称"营守备"。漕运总督管辖下各卫分设守备，统率运军运漕粮，称"卫守备"。此外，四川、云南等省的土司中也有守备一职，称"土守备"。

【守藏史】中央官名。职掌文书档案。商周时期的重要职官，又称"柱下史"。见"史"字"柱下史"。

【守道】地方官名。明清制度，凡布政使司参政、参议所任之道员称为守道。

【守祧】中央官名。周代设置，职掌宗庙祭祀，隶属春官大宗伯。由宦官或女官担任。

【太守】地方官名，即郡守。隋代以来，改以州刺史为郡长官。宋代以来改"郡"为"府"或"州"，太守变成非正式官名，只是作为知府、知州的别称。见"郡"字"郡守"。

【通守】地方官名。隋炀帝时设置，佐理郡务，职位次于太守。不久便废除。清代各府通判别称通守。

9. "尹"字与职官

"尹"（yǐn），甲骨文作 ｽ，金文作 ｽ、ｽ。《说文·又部》：

"尹，治也。从又、丿，握事者
也。"①"尹"的本义为治理，管
理。《左传·定公四年》："故周
公相王室，以尹天下。"②

"尹"作名词用，表示治事的
官吏，为古代官吏的通称。《尔
雅·释言》："尹，正也。"意指
官长、君长。《广雅·释诂四》：
"尹，官也。"《尚书·益稷》："庶尹允谐。"③《史记·夏本纪》：
"百官信谐。"

"尹"作为职官，多表示主管某事或治理某地的长官。如
"关尹""内史尹""京兆尹""府尹""县尹"等，见下文。
"尹"之为官，有如下特点：本身无职位高低之别，从商王的辅
佐到各级官吏都有称尹的，各级主事的官吏之正长都可以称尹。
商代、西周时为辅弼之官。春秋时期楚国长官多称尹。如"令
尹"等，见下文。

【府尹】地方官名。唐代地方行政机构为州（府）、县二级建
制。府是州的别名，设在首都和陪都所在之地，与州地位相同。

---

① 尹，治理。由又、丿会意，表示用手掌握事物的意思。
② 所以周公辅佐王室，以治理天下。
③ 众官确实和谐。

唐初著名的"三都府",上都京兆府、东都河南府、北都太原府。"三都府"长官为府牧,由亲王挂名遥领,实际的行政长官是府尹。明代地方行政机构府的长官多称知府,见"知"字"知府"。府尹是一府的最高行政长官,总领一府的政令,负责教化、劝农、进贡、赋税、征徭、祭祀,核实户口,节制地方豪强,体恤穷困百姓,疏理狱讼,关心民间疾苦等。

【工尹】官名。春秋时期,楚国设置,掌百工之事,即掌管服务于朝廷的工匠。

【关尹】官名。周代设此官,又称"关人""关令""司官"。据《国语·周语》韦昭注,关尹是守关的长官,负责通传四方的宾客。

【郊尹】官名。春秋时期,楚国设置,负责管理郊区。

【京兆尹】地方官名。汉代,京师地方长官名,相当于"太守"。明清两代,称顺天府(今北京附近)为京兆府,其长官为"京兆尹",别称"京尹"。

【里尹】官名。周代,以二十五家为一里,或说五十家、八十家、百家为一里。里尹为一里之长,秦称"里典",晋代称"里吏"。又有称"里正""里宰""里君""里长""里胥"的。

【令尹】官名。春秋战国时代,楚国不设相,以"令尹"为最高执政官。据《说文解字》记载,令有发号施令的意思,尹有治理、管理的意思,令尹就是掌握权力治理政务的人。

【内史尹】官名。周代内史的长官。职掌册命之事,又被称为作册内史或作命内史，或简称作册。见"史"字"内史"。内史有僚属，长官为尹。西周金文中常见"内史尹""作册尹"或"命尹"之名。

【县尹】地方官名。春秋时期，楚国不断在边地设县，作为边防重镇，其长官称县尹，拥有重兵，管理征赋。

【乐尹】官名。春秋时期，楚国设置，职掌音乐，为乐官之长。

【作册尹】官名，即"内史尹"。见"尹"字"内史尹"。

10. "掾"字与职官

"掾"（yuàn），小篆作𢺰。从扌，彖声，形声字。《说文·手部》："掾，缘①也。"清代朱骏声《说文通训定声》认为"本训当为佐助之谊"，即认为掾的本义是佐助。

"掾"由佐助引申为古代属官的通称。《玉篇·手部》："掾，公府掾史也。"②《史记·项羽本纪》："乃请蕲狱掾曹咎书抵栎阳狱掾司马欣。"③ 如"掾史""掾属"等，见下文。

【比曹掾】地方官名。职掌郡县检查核实之事。

---

① 缘，辅佐。
② 掾，官府里的属官。
③ （项梁）于是请托蕲县狱掾曹咎，写了一封信，送到栎阳狱掾司马欣处。

【兵曹掾】地方官名。主管地方征集和输送兵丁之事。

【仓曹掾】地方官名。职掌郡县仓廪、庖厨、财物、廛市等事。

【漕曹掾】地方官名。主管地方水运。

【辞曹掾】地方官名。主管地方辞讼事。

【东曹掾】官名。汉代设置，隶属丞相府。领郡、国事，主长史的任命，外出督州郡。

【功曹掾】地方官名。职掌郡县任用迁转与记录功过等事。

【户曹掾】地方官名。职掌郡县户口、籍账、婚嫁、田宅农桑、杂徭、道路等事。

【集曹掾】地方官名。主管各县上计，并负责地方上计中央。

【将作曹掾】地方官名。主管郡县工程兴建。

【金曹掾】地方官名。主管郡县货币盐铁事。

【决曹掾】地方官名，又称"墨曹"。职掌郡县律令、定罪、盗贼、赃赎等事。

【上计掾】地方官名。汉代佐理州郡上计事务的官吏。

【时曹掾】地方官名。职掌时节祠祀。

【水曹掾】地方官名。主管郡县水利兴修。

【田曹掾】地方官名。主管郡县田事。

【尉曹掾】地方官名。主管卒徒转运之事。

【文学曹掾】地方官名。职责是管理地方学校、教授弟子，也兼管郡内教化、礼仪之事。

　　【五官掾】地方官名。西汉时期设置，为各郡太守属吏，是一种荣誉职务，没有固定职务，实际就是什么都管。功曹缺任，可以主功曹事；其他曹缺任，也可主其他曹事。东汉、魏、晋、南北朝相沿。

　　【西曹掾】官名。汉代设置，隶属丞相府。领百官奏事，主府中吏之进退。

　　【医曹掾】地方官名。主管地方医药事。

　　【掾曹】官名，即"掾史"。古代分曹（相当于现在的分科）治事，故称。见"掾"字"掾史"。

　　【掾史】官名。汉代以来，中央及地方各州县职权较重的长官都设有掾史，负责各曹具体事务。掾史多由所在官署长官自行挑选任命。唐宋以后废辟举制，掾史之名渐移于胥吏。

　　【掾属】统称佐治之吏。正官称"掾"，副官称"史"。

　　【贼曹掾】地方官名。主管地方盗贼事。

11. "长"字与职官

　　"长"（zhǎng），本读 cháng。甲骨文作 ，金文作 。字形像人披散着长发，用以表示"长短"的"长"（cháng）。这是长的本义。《诗经·秦

风·蒹葭》："溯洄从之，道阻且长。"①

由长短的长引申指年纪大的，与"幼"相反。变读 zhǎng。《论语·微子》："长幼之节，不可废也。"②

又引申指排行第一，读 zhǎng。《史记·李斯列传》："始皇有二十八子，长子扶苏以数直谏上，上使监兵上郡。"③《木兰诗》："阿爷无大儿，木兰无长兄。"

又引申为首领，读 zhǎng。《吕氏春秋·谕大》："万夫之长，可以生谋。"④ 与"长"相关的官名取义于此，如"县长""亭长"等，见下文。又特指县一级的长官。

【陛长】官名。汉代虎贲中郎将的属官有左右仆射、左右陛长各一人。陛长负责值班虎贲，朝会时在殿中执勤。

【仓长】官名。别称"仓监"。西汉时期，在各郡、国设仓库，由仓长主管，隶属大司农。

---

① 顺流而下跟随她，道路险阻又漫长。
② 长幼之间的礼节，是不可以废弃的。
③ 始皇有二十几个儿子，长子扶苏因为屡次直言规谏皇上，（触怒了始皇，）始皇让他去上郡监督军队。
④ 万人的首领，可以产生奇谋。

【都水长】官名。都水，总治水之工，总理全国水利工程，诸如陂池灌溉，河堤修护等。秦汉时期设置。

【里长】地方官名。古代乡官，一里之长。战国时期已经设置。明代，以一百户为一里，长官为"里长"，又称"里君"。负责催办钱粮，落实徭役以及乡里其他的公事。

【牧长】官名。见"牧"字"牧长"。

【署长】官名。西汉时期，有"郎署长""郎中署长"。东汉时，少府属官有诸署长。历代相沿。凡署皆置"令"或"长"为之主官。

【庶长】①官名。春秋时秦国设置，掌握军政大权，相当于其他各国的卿。②爵位名。战国时期，秦国商鞅变法制定二十等爵，从第十级到第十八级都是庶长。十级左庶长，十一级右庶长，十七级驷车庶长，十八级大庶长。

【亭长】地方官名。①战国时期，开始在国与国之间的邻接地方设亭，设置亭长，以防御敌人。西汉时期，在乡村每十里设一亭，亭有亭长，职掌治安警卫，兼管停留旅客，治理民事。多以服兵役满期的人担任。此外，设在城内和城厢（靠近城的地区）的称"都亭"。设在城门的称"门亭"，也设亭长，其职掌与乡村亭长同。东汉后渐废。②唐代尚书省各部在都事、主事下设置亭长，职掌门户启闭的禁令等事，为中央官署中的低级事务员。

【县长】地方官名。一县的最高行政长官。秦汉时期，人口万户以上的称"县令",万户以下的称"县长"。

【校长】官名。古代,军队中的下级军官,卒伍之长。

【长史】官名。见"史"字"长史"。

【主章长】官名。见"主"字"主章长"。

12."知"字与职官

"知"(zhī),小篆作𥎿,从口,从矢,矢亦声,会意兼形声字。《玉篇》:"知,识也。""知"的本义是知道、了解。那么,为什么"知"从口从矢呢?段玉裁在《说文解字注》中是这样解释的:"识敏,故出于口者疾如矢也。"意思是:(人)知晓敏捷,所以能像射出的箭一样快速地从口中说出来。《尚书·盘庚》:"予弗知乃所讼。"① 《左传·僖公七年》:"知臣莫若君。"②

由知道、了解引申为主持、掌管。《左传·襄公二十六年》:"子产其将知政矣。"③《国语·越语上》:"有能助寡人谋而退吴者,吾与之共知越国之政。"④ 职官中的"知"取义于此,如"知府""知州"等,见下文。

【府知事】地方官名。明代,知府下设知事一官,为知府直

---

① 我不知道你们争辩什么。讼,争辩。
② 了解臣下没有像国君那样(清楚)的。
③ 子产恐怕将要主持国家政事了。
④ 有谁能够帮助我谋划从而击退吴军,我将和他共同掌管越国政事。

属的内部中级事务官。

【权知】即暂时代理的意思。宋代官名和实际职务是分开的，官员需得到皇帝的差遣才能负责某职务，所以官衔前常带"知"字。暂时代理者即称"权知"，如权知枢密院事、权知贡举、权知某州某府等。另外，资历浅者执行品秩高的职务时，也加"权知"字样，则不是暂代之意。

【同知枢密院事】官名。知枢密院事之副官。参见"知"字"知院"。

【知顿使】官名。唐代皇帝出巡，以大臣先行布置中途食宿之所，称知顿使或置顿使，属于临时性差遣，非常设官职。

【知府】地方官名。职掌一府之政，宣风化，平狱讼，均赋役，以教养百姓。唐代以建都之地为府，以府尹为行政长官。宋代升大郡为府，派遣朝臣担任各府长官，称"以某官知某府事"，即代理主持某府政务，简称"知府"。明代以"知府"为正式官名，为府的行政长官，管辖所属州县。清代相沿。

【知贡举】唐宋时期特派主持会试的大臣。

【知开封府】官名。北宋开封，最初以亲王担任开封牧，以文臣担任开封府尹。但尹、牧实际上不常置，仅以他官知开封府，如包拯即以龙图阁学士知开封府，其权任甚重。

【知县】地方官名。宋代为了消除京师外官不听命中央的弊端，将节度使留在京师，州中也不设刺史，而派遣朝中文臣临时主持州之事。县也如此，于是也逐渐以京官代理县事，故称"知县事"，简称"知县"。明代以知县为正式官名，为县的行政长官。

【知印】地方官名。明清时期，在衍圣公（孔子嫡裔所受封爵）府中设知印一人，掌管文书印信。

【知院】中央官名。宋代以枢密院掌管军政，长官称枢密使。如以他官主持枢密院，称知枢密院事，简称"知院"。参见"使"字"枢密使"。

【知寨】地方官名。宋代在边寨或险要地区建寨或城堡，设置知寨或知城为其长官，负责招收士兵，教习武艺，维护当地治安和守护边防。

【知制诰】官名。唐代始有此称，宋代相沿，职掌起草诏令。起草诏书本为中书舍人的职责，后来常常以他官代行其职能，称某官知制诰。翰林学士之实际起草诏令者，亦带"知制诰"衔。凡翰林学士带知制诰者为内制，他官带知制诰者为外制。明代翰林学士或内阁学士也沿用此名。清代废除。

【知州】地方官名。州的长官本为刺史，唐代后期，藩镇跋扈，州刺史多为武力集团自行委派，为害甚烈。宋太祖为消除弊端，便不派遣节度使赴任，不在其驻在的州补刺史，而另外差遣京师文臣代理主持此州之事，所以称为知州事，简称知州。以后每一刺史出缺，或每收复一地，即从中央派遣一知州。于是，刺史逐渐取消，所有各州都只有知州了。明代以知州为正式官名，为州的行政长官。

【知左右巡】官名。唐代设置，职掌巡察京师左、右二街，

多以殿中侍御史兼任。

13. "佐"字与职官

《说文》无"佐"（zuǒ）而
有"𠂇"（zuǒ）、"左"（zuǒ）。
"𠂇"是左手，"左"是辅佐。
后来以"左"替代"𠂇"，以
"佐"替代"左"。也就是说，
表示辅佐义，"左""佐"是古
今字。

"佐"，从人，左声，左兼表意，形声兼会意字。如上所述，
"佐"即"左"的今字。《说文·左部》："左，手相左助也。"本
义指用手相辅佐、帮助。《广雅·释诂》："佐，助也。"《诗经·
小雅·六月》："王于出征，以佐天子。"①

引申为处于辅助地位的人，副职。《左传·襄公三十年》：
"有赵孟以为大夫，有伯瑕以为佐。"② 与"佐"相关的职官，多
表示副职，是负责具体事务的辅佐官员。如"州佐""司户佐"
等，见下文。

---

① 君王出兵征伐，以此辅佐天子。
② 有赵孟做正卿，有伯瑕做副职。

【假佐】地方官名。汉代诸府的文书官。汉代司隶校尉的属官中有假佐二十五人。地方各州也有假佐。

【上佐官】唐宋时期，诸州和诸府的长史、司马、别驾为上佐官，没有实际职掌，常以有过失的官员充任。

【书佐】地方官名。职掌起草和缮写文书。两汉郡县各曹都有书佐，地位比掾、史低。

【司法佐】地方官名。唐代县令的属官之一，职掌刑法。

【司户佐】地方官名。唐代县令的属官之一，职掌田、户、赋税徭役。

【亭佐】地方乡官。秦汉时期，亭长的副职，协助亭长办事。

【乡佐】地方乡官。汉代设置，负责收税等事。

【医佐】官名。隋唐时期设置，职掌分疗众疾，隶属尚药局。

【州佐】汉代州长官的辅佐官，如别驾、治中、主簿、功曹、书佐、簿曹、兵曹等官，通称州佐。

【著作佐郎】官名。著作郎的佐官。参见"郎"字"著作郎"。

【佐贰】地方官名合称。明清时期，凡知府、知州、知县的辅佐官，如通判、州同、县丞等，统称佐贰。其品级略低于主官。其下还有司狱、巡检、吏目等属员。这两类人员可合称"佐杂"。

【佐领】官名。清代八旗军官之名，即满语的"牛录额真"，在甲喇额真之下，统领三百人。

【佐弋】官名。秦及汉初掌管弋射事务的官。弋，用带绳子的箭射鸟。佐弋，顾名思义是帮助射鸟的意思。

四、汉字与官署、职官

1."部"字与官署、职官

"部"（bù），小篆作鄁。《说文》："部，天水狄部。从阝（邑），音（pǒu）声。""部"是汉代地名用字：汉代天水郡的狄部。

"部"假借为分开的意思。《玉篇·邑部》："部，分判也。"《史记·平准书》："乃请置大农部丞数十人，分部主郡国。"①

引申为部分（部首），类别（派别）。《说文解字·叙》："分别部居，不相杂厕。"② 曹操《整齐风俗令》："闻冀州俗，父子异部，更相毁誉。"③

后来再引申为官署，行政机关。《广韵·厚韵》："部，署也。"《孔雀东南飞》："还部白府君：'下官奉使命，言谈大有缘。'"④ 又如"吏部""户部"等，见下文。

---

① 于是奏请设置大农部丞数十人，分别负责郡国的均输。
② 按照部首将文字分别归类，（使它们）不相杂乱。
③ 听说冀州的风俗，父子分属不同的派别，也要互相攻击。
④ 回到官署禀告太守："下官奉承使命，前往说媒，谈话十分投机。"

【兵部】官署名。从隋唐开始的中央行政机构的六部之一，职掌全国武官选用及军事行政。其长官为兵部尚书，副长官为侍郎。唐代兵部下辖四司：兵部司、职方司、驾部司、库部司。兵部不直接带兵，只负责全国武官的选授、兵籍、军械、军令等事务。

【工部】官署名。从隋唐开始的中央行政机构的六部之一，职掌各项重大工程、工匠、屯田、水利、交通等事务。其长官为工部尚书，副长官为侍郎。唐代工部下辖四司：工部司、屯田司、虞部司、水部司。

【户部】官署名。从隋唐开始的中央行政机构的六部之一，职掌全国财政，凡诸户口、土地、赋税、钱粮、财政收支等皆为其所管辖。其长官为户部尚书，副长官为侍郎。唐代户部辖四司：户部司、度支司、金部司、仓部司。

【礼部】官署名。从隋唐开始的中央行政机构的六部之一，职掌礼仪、祭祀、宗教、科举、学校等。其长官为礼部尚书，副长官为侍郎。唐代礼部下辖四司：礼部司、祠部司、膳部司、主客司。礼部侍郎专职主持考试。

【吏部】官署名。从隋唐开始的中央行政机构的六部之一，为六部之首，职掌全国官吏选授、勋封、考课等。其长官为吏部尚书，副长官为侍郎。唐代吏部下辖四司：吏部司、司封司、司勋司、考功司。

【六部】从隋、唐开始，中央行政机构中，吏、户、礼、兵、刑、工部的合称。魏晋以后，尚书台各曹逐渐变为部，到隋唐时

期确定为吏部、户部、礼部、兵部、刑部、工部六部。其长官称
"尚书"，副长官称"侍郎"。每部各辖四司。六部分管各项政务，
是全国行政的中枢。六部一直沿用到清代。

【刑部】官署名。从隋唐开始的中央行政机构的六部之一，
职掌全国刑狱法律等事务。其长官为刑部尚书，副长官为侍郎。
唐代刑部下辖四司：刑部司、都官司、比部司、司门司。

2. "曹"字与官署、职官

"曹"（cáo），甲骨文作 ，金
文作 ，小篆作 。《说文·曰
部》："曹，狱之两曹也。"段玉裁
注："两曹，今俗所谓原告被告
也。""曹"的本义是指诉讼的双
方，即原告和被告。

由诉讼双方引申为成双成对。《楚辞·招魂》："分曹并
进。"① 王逸注："曹，偶。"

又引申为群。《诗经·大雅·公刘》："乃造其曹，执豕于

---

① 分成两队一同前进。

牢。"①《左传·昭公十二年》:"周原伯绞虐其舆臣,使曹逃。"②

由分曹分群引申指分科办事的官署或部门。《后汉书·百官志三》:"(汉)成帝初置尚书四人,分为四曹。"③ 又如"兵曹""功曹"等,见下文。

【兵曹】官署名。汉代,太尉府下设置,主掌兵事,有掾。魏晋以来丞相、三公各府都有设置。东晋、南北朝,丞相府诸曹均设置参军为主管。隋唐时期州郡县也设置。宋代在开封府及各州、府、军、监,设兵曹参军一人主管。

【二千石曹】官署名。西汉成帝初置尚书四人,分四曹办事。汉代以郡国的守相官俸为二千石,因此俗称地方行政长官为"二千石"。二千石曹最初主管郡国守相文书,故称"二千石曹"。东汉时,二千石曹改专主辞讼,考课州郡归三公曹,水火盗贼归中都官曹。魏晋尚书沿设此曹。

【功曹】地方官名。亦称"功曹史"。西汉开始设置,为郡守、县令的主要佐吏,相当于郡守、县令的总务长,主掌人事,还可以参与一郡、县的政务。功曹权力,在汉代最盛。魏晋起,功曹仅理本署之事。

【户曹】官署名、官名。汉代,中央设户曹,置户曹尚书,

---

① 于是到牧群中去,在栏圈中捉拿大猪。造,到……去。
② 周朝的原伯绞虐待众臣,致使他们成群逃走。
③ 汉成帝开始设置四个部门,分派四位尚书。

下置户曹掾，郡置户曹，以管理民户之事。唐代，各府设置有关民户事务的属官称"户曹"，在中央部署所置的属官称"司户"。清代户部的属官有户曹，地方官衙的属官称"户房"。

【客曹】官名。汉成帝时设置，主少数民族及外国使节事。东汉光武帝亦设置，主护驾朝贺事；后又分南主客曹与北主客曹。

【六曹】①中央官署。尚书台（省）的六个部门。西汉成帝建始四年（前29年），设置尚书五人，一为仆射，其余分四曹（常侍曹、二千石曹、民曹、主客曹）办事。后来增设三公曹，东汉光武帝再增设中都官曹，遂有"六曹"之名。后来"常侍曹"又改为"吏部曹"。六曹主官初为尚书。魏晋南北朝时期，尚书员额常为五或六人，曹数则不断增加，曹事遂以尚书郎、侍郎主持，尚书每人辖数曹。此即部、曹两级制之始。最初并无"部"名，仍称"列曹尚书""五曹尚书""六曹尚书"。此"曹"后为"部"之代称，而尚书郎主持之"曹"，实即后世各部之"司"。②地方官署。汉代以来，州郡佐治之官分曹办事，曹数多寡不一。唐各州分六曹，即功、仓、户、兵、法、士，亦称六司。

【三公曹】官署名。西汉成帝初期，设置尚书四人，分四曹办事，不久又增置三公曹，职掌断狱。东汉三公曹改主管岁终考课州郡事，辞讼改归二千石曹管理。魏晋相沿。

【士曹】官名。为地方参佐之官。北齐有士曹参军。宋惟开封府置。

【仪曹】官署名。职掌吉凶礼制。三国魏时，尚书台设有"仪曹"，以尚书郎主其事。晋、南北朝时，仪曹隶属祠部或殿中。隋代无"仪曹"之名，但礼部所辖礼部、祠部，即原仪曹、祠部二曹。后世因之称礼部郎官为"仪曹"。

3."府"字与官署、职官

"府"（fǔ），金文作![金文]、![金文]，小篆作![小篆]。《说文·广部》："府，文书藏也。从广，付声。"① 但金文"府"从贝，贝或省作目，表明"府"是储藏文书或财货的处所。储藏文书的处所如，《左传·僖公五年》："勋在王室，藏于盟府。"② 贮藏财货的如，《孟子·滕文公上》："今也滕有仓廪府库，则是厉民而以自养也，恶得贤?"③

"府"引申指官府，官员办公的地方。诸葛亮《出师表》：

---

① "府"，是藏文书的处所。由意符"广"和声符"付"构成。
② 功勋在于王室，受勋的记录藏在盟府。盟府，收藏盟书的处所。
③ 如今滕国有储藏大米的仓廪和储藏财物的府库，这是损害别人来奉养自己，又怎能叫作贤明呢?

"宫中府中俱为一体。"① 又如"内府""宗人府"等，见下文。

【大晟府】官署名。北宋特设职掌乐律的机构，北宋末年废除。其长官为大司乐，次为太乐令，又次为主簿、协律郎。下辖太乐、鼓吹、宴安乐、法物、知杂、掌法六个部门。

【开府仪同三司】阶官名。汉魏期间开始有"开府仪同三司"的称号。三司即太尉、司徒、司空。三司皆有官署，开府仪同三司者指的是与三司体制、待遇相同，也有官署。"开府仪同三司"是大臣的加衔，一种荣誉称号，其本身必另有其他职务。唐宋至元代，以开府仪同三司为最高级之阶官。明代废除。历代除开府仪同三司之外，还有仅称"仪同三司"的，为次一级。

【内府】①官名。周代掌管府库的官。《周礼·天官·内府》："内府掌受九贡、九赋、九功之货贿，良兵、良器，以待邦之大用。"②官署名。唐代折冲府（军府）有内、外二府之别，相沿称为内军和外军。内府是指划归五府三卫和东宫三府三卫管辖的折冲府，外府是指不归五府管辖的折冲府。

【内务府】官署名。清代设置，负责总管宫廷事务，长官为"总管大臣"，副官为"堂郎中"和"主事"。

【三府】三公之府。太尉、司徒、司空均可开设自己的府衙，故称三府。

---

① 皇宫中的侍臣和官府中的官员都是一样的。

【外府】①官名。周代掌管国家财货出纳的官。《周礼·天官·外府》:"外府掌邦布之入出,以共百物,而待邦之用。"②官署名。汉代称卫尉府为外府。南北朝时,称京都以外的州郡官署为外府。唐代折冲府(军府)有内府、外府之称。参见"府"字"内府"。

【五府】东汉称太傅、太尉、司徒、司空、大将军为五府。

【詹事府】官署名。詹事为古官名,秦汉以来,均为宫官。詹事之意,据应劭《汉书注》:"詹者,省也,给也。"意即供给宫中之事。太后、皇后、太子宫中都有詹事。后来只留下太子詹事作为东宫官属之长,其余均废。唐宋相沿设置,明代承此制,也设詹事府,置詹事及少詹事,其下有左右春坊及司经局等。虽然名义上是辅导太子的官员,实际职责与翰林院没有太大区别,都是皇帝的文学侍从之臣。

【宗人府】官署名。明洪武三年(1370年)设置大宗正院,二十二年(1389年)改称"宗人府",以亲王为宗人令,职掌皇室宗族事务;后以勋戚大臣摄府事,而事权归礼部。清代相沿,长官称宗令,以亲王、郡王充任;副长官为左、右宗正与左、右宗人,皆以亲王以下皇族充任,所属有府丞、理事官、主事等。

4. "阁"字与官署、职官

"阁"(gé),小篆作閤。《说文·门部》:"阁,所以止扉也。

从门，各声。"本义是指用来
固定门扇的东西，即安装在
门扇两旁用以防止门扇自动
闭合的长木条。

后辗转引申为一种架空
的小楼房，其特点是通常四周设隔扇或栏杆回廊，常作远眺、游
憩之处，或作藏书和供佛之用。如唐代杜牧《阿房宫赋》："五步
一楼，十步一阁。"①

阁，由宫廷中的楼阁引申为中央官署的名称。如"凤阁"
"内阁"等，见下文。

【殿阁大学士】官名。明清时期设置。备皇帝顾问咨询，参
与机要，起草诏令，代皇帝批答奏章，实际掌握宰相之权。

【凤阁】中书省的别称。唐光宅元年（684 年）中书省改称
"凤阁"，神龙元年（705 年）恢复旧称。

【阁老】唐代，中书、门下两省官员互称"阁老"。明代称内
阁大学士以及入阁的翰林学士为"阁老"。

【馆阁】宋代掌管图书编纂和国史编修的机构。宋代设置了
史馆、昭文馆、集贤院三馆，又置秘阁、龙图、天章等阁，分掌

---

① 五步一座楼，十步一座阁。"楼"是重屋，上下都可以住人。"阁"是架
空的小楼，不同于一般的"楼"。

图书经籍和编修国史等，通称馆阁。明清时期将宋代馆阁职能合并于翰林院，所以通称翰林院为"馆阁"。

【内阁】官署名。明代始设。明代初年，明太祖为了加强专制，罢中书省，废丞相，另设华盖殿、谨身殿、武英殿、文华殿、文渊阁、东阁等大学士，收阅奏章，批发文稿，协助皇帝办理政务，为皇帝顾问。明成祖即位，命以官品较低的翰林院编修、检讨等官入午门内的文渊阁当值，参与机务，称为内阁。清初仍之。雍正时设军机处后，内阁不再参与机务。清朝末年，仿立宪国制，设责任内阁，以旧内阁与军机处合并，置总理大臣并以各部大臣为国务大臣，为最高国务机关。

【内阁中书】官名。明清时期设置。清代在内阁中设置若干内阁中书，职掌宫中诸文书的起草、记录、翻译、缮写等事。别名"内翰""中翰"。

【直秘阁】官名。简称"直秘"。宋端拱元年（988年），在崇文院中堂建阁，称"秘阁"，收藏三馆书籍真本及宫廷古画墨迹等。宋淳化元年（990年）置直秘阁，掌秘阁事务。

5."官"字与官署、职官

"官"（guān），甲骨文作 𠈽、𠈽，金文作 𠈽。从宀在𠂤（duī）上。会意字。《字汇·宀部》："官，官舍曰官。"本义为馆舍。官即馆的初文。《论语·子张》："夫子之墙数仞，不得其门而入，不见宗庙之美，百官之富。"①

"官"引申专指官署，官员办公的地方。《礼记·玉藻》："凡君召……在官不俟屦，在外不俟车。"②

由官署引申为官职。《左传·成公二年》："敢告不敏，摄官承乏。"③

【春官】《周礼》六官之一，春官以大宗伯为长官，职掌礼制、祭祀、历法等事。所属各官有肆师、大司乐、大祝、大史等官。唐武后光宅元年（684年），曾改礼部为春官，改礼部尚书为春官尚书。神龙元年（705年），恢复旧称。后世以春官为礼部的通称。

【导官】官名。汉代少府的属官。主要负责皇室用米。

【地官】《周礼》六官之一，地官以司徒为长官，掌管土地和

---

① （老师就像宗庙，）他的围墙有几丈高，找不到大门走进去，就看不到宗庙的雄伟、馆舍的多种多样。

② 大凡君王召见臣下……臣下在宫廷官府中，要不等待鞋子打理好（就要赶紧去应命），臣下在宫外住所或官府中，要不等待车子打理好（就要赶紧去应命）。俟（sì），等待。屦（jù），鞋子。

③ 斗胆向您报告，我是没有才能的，由于人手缺乏，只好担任这个官职。

人民。所属各官有乡师、乡老、乡大夫等。唐武后光宅元年（684 年）改户部为地官，户部尚书为地官尚书。神龙元年（705年），恢复旧称。

【冬官】《周礼》六官之一，冬官以司空为长官，职掌工程建设。武后时期曾一度改工部为冬官，后来恢复旧称。后世也把冬官作为工部的别称。

【读祝官】官名。《周礼》春官大宗伯的属官之一，职掌祭祀时读祝文和迎送神。汉代改为太祝令，隶属太常。

【服官】官署名。汉代在盛产丝织品的地方设置服官，负责丝织品的生产管理，以供宫廷制作衣服之用。如西汉在齐郡临淄、陈留郡襄邑两县设置服官。临淄主产纨縠，陈留主产锦缎。

【工官】官署名。主要负责制造武器、日用器物和各项手工艺品。汉代，在蜀、广汉、河内等郡设置。

【寄禄官】宋代专用来表示资历待遇的官称。如某人的官衔为户部尚书、同中书门下平章事，则户部尚书是寄禄官，所任实职是同平章事。元丰以后，寄禄官都改为阶官，如金紫光禄大夫、朝请郎等。

【加官】指本职之外另加的其他官职。汉代的加官有侍中、给事中、诸吏、中常侍、散骑等。加侍中就能出入宫禁，成为皇帝的亲信。加给事中就能掌顾问应对。加诸吏就能对宫廷官员进行监察和弹劾。加中常侍可在禁中侍奉皇帝。加散骑可做皇帝的骑从。

【监官】代表君王监察各级官吏的官员的总称。

【谏官】对君王的过失直言规劝并使其改正的官吏。唐代的谏官是谏议大夫、补阙、拾遗。诗圣杜甫就曾担任过左拾遗。

【京官】古代一般称属于中央系统的官员为京官，以区别地方官和差遣出外的官。

【经筵讲官】官名。负责陪侍君王讲论经史。宋代以来，皇帝御席，与侍讲、侍读等官讲论经史，称为"经筵"。唐代以前没有陪侍君王讲论经史的专官，唐代开始有专官侍读、侍讲，但尚无专职。明代定经筵为内廷经常典礼，以大臣总经筵事，以翰林官充经筵官。

【帘官】明清时期的科举制度，乡试、会试时贡院内的官称帘官。之所以叫帘官是因为公堂后进有门，加帘子隔开，在帘内的官员，称内帘；帘外的称外帘。主考及同考官居内帘，主要职务为阅卷，还有助理人员内提调、监试、收掌等官，负责管理试卷等事。外帘为监临、外提调、监试、收掌、誊录等官所居，负责管理考场事务。内外帘官不相往来，有公事在内帘门口接洽。

【六官】①《周礼》以天官冢宰、地官司徒、春官宗伯、夏官司马、秋官司寇、冬官司空分掌国家政事，称为"六官"或"六卿"。见"卿"字"六卿"。②隋唐以后，吏、户、礼、兵、刑、工六部尚书，也通称"六官"。

【内官】①汉代以侍卫之臣为内官，非侍卫之臣为外臣。②隋以禁中诸省及禁卫之官为内官，其余为外官。③宦官也称内官。④宫内的女官。

【清望官】唐代把中央高级官包括门下、中书侍郎、尚书左右丞、六部侍郎、太常少卿、太子少詹事、左右庶子、秘书少监、国子司业在内称为清望官。唐德宗曾诏令清望官每日二人轮值，以备顾问。

【秋官】《周礼》六官之一。秋官以大司寇为长官，职掌刑狱。所属各官有司民、司刺、司厉、大行人、小行人等。唐光宅元年（684 年），曾改刑部为秋官，刑部尚书为秋官尚书。神龙元年（705 年），恢复旧称。后以秋官为刑部的通称。

【散官】有官名而无职事的官称，相对于有实际职务的职事官而言。散官用以定班位，与待遇挂钩，职事官用以定职务。职事官与散官品级不一定一致。散官低而充高级职事官称"守某官"，散官高而充低级职事官称"行某官"，待遇则按其散官品级。散官按资历升迁，职事官则由君主量才任用。

隋开始制定正式的散官名称，加给文武重臣。唐代承袭隋制，置开府仪同三司、特进至文林郎、将仕郎共二十九阶为文散官，骠骑大将军、辅国大将军、镇国大将军至陪戎校尉、陪戎副尉四十五阶为武散官。

【太官】官名。汉代少府的属官。职掌皇家膳食。后世在光禄寺中设置太官署，宋代开始另外设置御厨使，皇帝膳食归尚食局，太官署只负责祭祀食物。

【汤官】官名。汉代少府的属官。主要负责皇室食用的饼饵。

【堂官】明清时期，对中央各部尚书、侍郎，各寺卿等长官的通称，因其在各衙署大堂上办公而得名。知府、知县等官及中央各部以外的独立机构长官也称"堂官"。

【天官】《周礼》六官之首，天官以冢宰为长官。天官冢宰为百官之长，总御百官，佐王掌邦治。冢宰又称太宰，凡与其他五卿并列时，称太宰。所属各官有宫正、宫伯、膳夫、庖人等，多系内廷人员，所以"冢宰"相当于后世的宰相，"太宰"相当于殿中监或内务府大臣。春秋时则以"冢宰"为执政者的美称。唐光宅元年（684 年），改吏部为天官，吏部尚书为天官尚书。神龙元年（705 年）唐中宗复位后，恢复旧称。后世以"天官"为吏部尚书的通称。

【铁官】官署名。汉武帝元狩四年（前 119 年）以东郭咸阳、孔仅为大农丞，领盐铁事，专营盐铁，禁止私营，并在弘农、河东、蜀、辽东等地设置铁官，主铸造铁器。西汉铁官隶属大司农，长官称铁官长。不产铁的地方，也置小铁官，掌铸旧铁，隶属郡县。东汉时期，铁官都改隶属郡县。

【铜官】官署名。汉代在产铜之地设置铜官，职掌铜矿开采。

【推官】地方官名。职掌勘问刑狱。唐代节度使、观察使下的属官。元明时期在各府也设有推官。

【外朝官】汉代朝官从汉武帝开始分为中朝和外朝。由丞相领导的正规机构官员为外朝官，这是法定的行政机构，诏令由此出。

【外官】①汉代指非侍卫之臣。②隋代对不是禁中诸省及禁卫之官概称外官。③后世通称地方官为外官，相对中央政府官员而言。

【夏官】《周礼》六官之一，夏官以大司马为长官，职掌军政、军赋。所属各官有小司马、军司马、虎贲氏、旅贲氏、方相氏等。唐光宅元年（684年）改兵部为夏官，兵部尚书为夏官尚书。神龙元年（705年），恢复旧称。

【勋官】隋唐至明代给予文武官员的称号。北周时期用以奖励有战功的将士，有品级而无职掌。隋置上柱国与柱国以酬军功勤劳，皆无职掌。唐代置上柱国、柱国、上护军、护军、上轻车都尉、轻车都尉、上骑都尉、骑都尉、骁骑尉、飞骑尉、云骑尉、武骑尉，共十二转，自正二品至从七品，皆无职掌，称为勋官。历代相沿，大体同唐代，品级或有小异。《木兰诗》中就有"策勋十二转"一句。

【言官】古代监官和谏官的合称，又称"台谏"。

【盐官】官署名。汉武帝元狩四年（前119年），以东郭咸阳、孔仅为大农丞，领盐铁事，专营盐铁，禁止私营，并在河东、渤海、辽东、蜀、南海等地设置盐官。西汉盐官隶属大司农，长官称盐官长。汉元帝时罢免，不久复置。东汉时期，盐官隶属郡县，主收盐税。

【中朝官】又称"内朝官"。汉代朝官从汉武帝开始分中朝和外朝，目的是为了加强皇权，削弱丞相权力。外朝指自丞相以下的正规职官。中朝官指皇帝身边的近臣，如侍中、常侍、给事中、尚书等。

6. "馆"字与官署、职官

"馆"（guǎn）字本作"官"。甲骨文即作⻌，从自从宀（宀），会意字，会建屋于颖上之意，表示馆舍。由于馆舍是要提供住宿、膳食的，故后加食旁或舍旁，写作"馆""舘"。现用"馆"，"舘"为异体。《说文》："馆，客舍也。从食官声。"形声字。《左传·襄公三十一年》："子产使尽坏其馆之垣而纳车马焉。"① 此义沿用至今，如"宾馆""旅馆"。

汉代以后，"馆"用来指华丽的宫室。《史记·司马相如传·上林赋》："于是乎，离宫别馆，弥山跨谷。"②

唐宋时，又用作官署名。如"弘文馆""崇文馆"等，见下文。

【崇文馆】官署名。唐太宗贞观十三年（639 年），在东宫设置崇贤馆。有学士二人，掌经籍图书，教授诸生，均如门下省所属弘文馆之例。学士之下有校书郎二人，掌校理书籍。唐高宗上元二年（675 年），避太子李贤名讳，改称崇文馆。

---

① 子产派人全部拆毁了宾馆的围墙来安放车马。
② 于是，华丽的行宫，遍布山谷。

【崇贤馆】即"崇文馆"。见"馆"字"崇文馆"。

【馆阁】见"阁"字"馆阁"。

【广文馆】官署名。唐代国子监所属七学之一。唐天宝九年（750 年），在国子监中增置广文馆。设博士四人、助教二人，负责指导在国子监中专门修习进士业的学生。广文博士官秩比国子博士低。生徒六十人，远少于国子学、太学、四门学。广文博士清苦闲散，杜甫《醉时歌·赠广文馆博士郑虔》有"广文先生官独冷"之句。

【弘文馆】官署名。唐武德四年（621 年），在门下省设置修文馆。武德九年，改为弘文馆。神龙元年（705 年）因避太子李弘讳，改为昭文馆。开元七年（719 年）恢复旧称"弘文馆"，置学士、校书郎，掌校正图籍等。弘文馆学士也负责教授生徒，类似国子学。

【会同馆】官署名。古代诸侯朝见天子称会同。元代开始设置，职掌接伴引见边地少数民族首领、外国使者等事，隶属礼部。明改为隶属兵部，职能也发生变化，职掌京师驿传事务，有大使、副使。

【律学馆】官署名。唐代国子监所属七学之一，是学习律令的学馆。

【三馆】唐代有弘文、崇文、国子三馆，为士子修习之所。另有昭文、集贤、史馆三馆，掌藏书、校书、修史之职。宋初继承唐制，以史馆、昭文馆、集贤院为三馆。另有广文、太学、律学三馆，为中央的教育结构。

【四方馆】官署名。隋炀帝时设置，以接待东西南北四方少数民族及外国使臣，隶属鸿胪寺。唐改由通事舍人主管，隶属中书省。

【四夷馆】官署名。职掌译书。明成祖永乐五年（1407 年），置蒙古、女真、西番、西天、回回、百夷、高昌、缅甸八馆，置译字生，通译语言文字。四夷馆先属翰林院，选国子监生习译。明宣宗宣德元年（1426 年）兼选官民子弟。

7. "监"字与官署、职官

"监"（jiàn），甲骨文作，金文作，小篆作，楷书作监，简化作监。会意字。甲骨文字形，左边是一个器皿，右边是一个人面朝左跪着，睁大眼睛，也就是表示人利用器皿中的水照看自己模样的意思。金文字形在器皿上还加一小横，表示器皿中有水。右边人的大眼睛已经移到"皿"上，这就看得更清楚了。小篆字的形体，把睁大眼睛跪着的形体分成"人"和"臣"（由"目"讹变）两个小部件，同时，"人"也移到"皿"上，使字形成为方块字。今天简化为"监"，字的造意不复存在了。

古人早期以水为镜，"监"反映的就是古代人以器皿中平静的水面为镜，跪着睁大眼睛照看自己面容的情形。《说文·卧部》："监，临下也。"① "监"的本义就是照视、照影，音 jiàn。《尚书·酒诰》："人无于水监，当于民监。"②

由照视义引申出监视、监督，音 jiān。《史记·陈涉世家》："乃以吴叔为假王，监诸将以西击荥阳。"③

由监视义引申为主管监察的官名。音 jiàn。《史记·秦始皇本纪》："郡置守、尉、监。"④ 又如"监军""监司"等，见下文。

又引申为官署名，音 jiàn。如"都水监""国子监"等，见下文。

又引申为宦官，音 jiàn。《史记·秦本纪》："卫鞅闻是令下，西入秦，因景监求见孝公。"⑤ 又如"太监"等，见下文。

【仓监】官名。隋代设置，主掌仓廪之政。历代相沿。隶属户部。

---

① 监，在高处往下看。
② 人不要只在水中照视自己，而应当到臣民中照照自己。
③ 于是就任命吴广为假王，监督各将领向西进攻荥阳。
④ 每郡设有郡守、丞尉、监御史。
⑤ 卫鞅听到秦孝公下的诏令，往西进入秦国，请景监代为引见秦孝公。景，人名。监，宦官。

【都水监】官署名、官名。职掌河渠、津梁、堤堰等。隋唐时期设置，正副长官称"都水监""都水令""都水少监"。都水监下领舟楫、河渠二官署。西晋设置"都水台"，职掌舟船、水运，长官称"都水使者"。隋唐时期，改为"都水监"。唐代至元代相沿，除宋代称"判都水监事"，唐、五代、金、元都水监正副长官均称都水监、少监。明代废除"都水监"，改设"都水司"，归并入工部。掌川泽津梁之事，领舟楫、河渠二官署。长官有都水使者二人，正五品上；都水丞二人，从五品上；主簿一人，从八品下。

【都知监】官署名。明代十二监之一，有掌印太监主管，下设金书、掌司、长随、奉御等员。原掌宫廷各监行移、关知、勘合，后仅随皇帝前导警跸。

【狗监】官名。汉代设置，为宫廷中养猎狗的官员。司马相如因狗监杨得意而得以进于武帝。唐代闲厩使所管有五坊，即雕坊、鹘坊、鹞坊、鹰坊、狗坊。自唐玄宗以后，五坊小儿倚势为民间之害，顺宗时曾撤销，然其后复如故。

【国子监】官署名。我国封建时代的教育管理机关和最高学府，主管国家教育管理之事。

国子，公卿大夫之子弟。晋武帝时期，据此以立国子学。自此以后，或称国学，或称太学，隶属太常。北齐开始设立专署，以职掌其事，名为国子寺，其主官称祭酒。

唐代改名为"国子监"，成为中央文化教育机关，是培养封建统治人才的学校，领国子、太学、四门、律学、书学、算学六学，长官称国子祭酒，一人，从三品；次官为国子司业二人，从四品下；国子丞一人，从六品下。六学中前三学主要教官僚子弟学习儒术，后三学招收低级官僚子弟和平民子弟，培养法律、文字、书法、算术方面的专门人才。

【监军】官名。古代监军仅为临时性差遣。唐代后期在各镇和出征讨伐之军中，设监军，由宦官担任，与统帅分庭抗礼。明代在作战时军中往往设监军，以御史等官担任，专掌稽核功罪赏罚。清代废除。

【监司】监察州县的地方长官。宋代转运使和提点刑狱有监察一路官吏的责任，所以又称"监司"。明代按察使因掌管监察，也称"监司"。清代通称督察府州县的高级官员（布政使、按察使及各道道员）为"监司"。

【监冶谒者】官名。三国时魏设置，专管理冶铁事务。

【将作监】官署名、官名。职掌宫室、宗庙、陵寝等皇室相关土木营建。长官有将作大匠一人，从三品；少匠二人，从四品下；将作丞四人，从六品下。

【军器监】官署名、官名。职掌军器制造、保管、发放。掌缮造甲弩之属，领甲坊、弩坊二署。长官监一人，正四品上；少监一人，正五品上；丞二人，正七品上。

【秘书监】官名。东汉桓帝时设置，南北朝末期以后为秘书省的长官，掌国家经籍图书著作等事。因古代图书集中在皇宫，西汉则藏于天禄阁，东汉则藏于东观，所以称"秘书"。也因为东汉崇尚谶纬之学，故取秘密之意。

魏武帝时期的秘书令，实际上已改为机要之职，后改称"中书令"，而以秘书令仍为监，职掌艺文图籍之事。自此相沿不改。唐宋以后，虽掌艺文图书之官迭有增设，而秘书监之名不废。直至明代废除，其职全并入翰林院。故明代的翰林院既非唐宋的翰林院，亦不全属秘书省的性质。清代以文渊阁官当古时的秘书监，则略相近似。

【内官监】官署名。明代十二监之一，由掌印太监主管。职掌宫室、陵墓营造及铜锡妆奁、器用与冰窖等。下设总理、管理、金书、典簿、掌司、写字、监工等员。所属有木、石、瓦、土、塔材、东行、西行、油漆、婚礼、火药十作，以及米盐库、营造库、皇坛库。

【钦天监】官署名。掌管观察天象、推算历法。历代多设置，名称不同。周代有太史，秦汉以后有太史令。隋代设太史监，唐代在秘书省设太史局，后又改司天台。宋元时期有司天监，与太史局、太史院并置。明清改名"钦天监"，设监正、监副等官。

【上林苑监】官署名。职掌苑囿、园池、牧畜、种树之事。明制主官为左右监正、左右副监及左右监丞。所属初有良牧、蕃育、嘉蔬、林衡、川衡、冰鉴及典察左右前后十署，后仅存良牧、蕃育、林衡、嘉蔬四署。良牧署负责牧养牛羊猪等牲畜，蕃育署负责饲养鹅鸭鸡等家禽，林衡署负责种植果树花木，嘉蔬署负责种植蔬菜。

【尚宝监】官署名。明代十二监之一，由掌印监主管，下设金书、掌司等员。掌宝玺、敕符、将军印信。

【尚膳监】官署名。明代十二监之一，由掌印及提督光禄太监、总理，下设管理、金书、掌司、写字、监工及各牛羊房等厂监工等员。职掌皇帝及宫廷膳食及筵宴等事。

【尚衣监】官署名。明代十二监之一，有掌印太监主管，下设管理、金书、掌司、监工等员。掌皇帝所用冠冕、袍服及履舄、靴袜。

【少府监】官署名、官名。职掌皇家钱财、皇室用品供应及宫廷服务事宜。少府监和将作监掌管百工技艺及国家重大工程之修建营造之事。此二监皆听候尚书工部的政令而掌管手工制作。少府监职掌织染、锻造、冶炼之事。少府监领中尚、左尚、右尚、织染、掌治五署之官署，凡天子之服御，百官之仪制，展采各物，皆以供之。长官有少府监一人，从三品；少监二人，从四品下；少府丞六人，从六品上。

【神宫监】官署名。明代十二监之一，由掌印太监主管。下设金书、掌司、管理等员。职掌太高各庙洒扫、香灯等事。

【十二监】官署合称。明代宫廷设置司礼、内官、御用、司设、御马、神宫、尚膳、尚宝、印绶、直殿、尚衣、都知等十二监，各设掌印太监等主管。掌侍奉皇帝及其家族。

【司礼监】官署名。明代十二监之一，有提督、掌印、秉笔、随堂等太监，下设掌司、典簿等员。提督太监掌督理皇城内一切礼仪、刑名，并管理当差、听事各役、关防门禁等。掌印太监掌内上章奏。秉笔与随堂太监掌章奏文书。掌司分别管理书籍名画、内书堂等。典簿记录奏章及出纳号簿。按制度，太监不过正四品，但明后期皇帝常不见大臣，有事时皇帝口述命令，由秉笔太监以朱笔记录，送内阁票拟，故太监权势极重。明武宗时刘瑾以掌司礼监，熹宗时魏忠贤以秉笔太监而权倾内外。

【司设监】官署名。明代十二监之一，由掌印太监主管，下设总理、管理、金书、典簿、掌司、写字、监工等员。掌卤簿、仪仗、帷幕等。

【司天监】官署名、官名。掌管天文历法。前身为秘书省两局之一的"太史局"。唐乾元元年（758 年）起，改称"司天台"；五代及北宋元丰改制前，称"司天监"。主官均称监、少监。

【太府监】官署名、官名。前身为太府寺。辽代南面官依唐制，但将太府寺改为太府监。金元沿置。职掌国家财用、钱谷出纳，主官为监与少监，所属左藏库掌金银珠玉、宝货钱币；右藏库掌锦帛丝绵毛褐、诸道常课各项杂物；支应所掌宫中出入、御前支赐金银币帛；太仓掌储藏、出纳食粮；酒坊掌酿造御酒及各种酒醴；典给署掌宫中所用薪炭冰烛，并管理官户；市买司堂收买宫中所用果实生料等物。

【太监】明代在宦官所领的二十四衙门及其他机构各设掌印

太监，如内官、御用等监、四司八局、内府供用库、提督东厂等；部分机构如司礼监，除掌印太监外，有提督太监、秉笔太监、随堂太监；提督京营有掌印太监、坐营太监。太监与上层宦官自此始有联系。清代相沿，太监成为宦官的专称，设总管太监为首领，隶属内务府。清朝内务府大小各官均非宦官，宦官仅系执事人员。唐至元时期的太监并不等同于宦官，太监与宦官同义，仅限于清朝。

【太史监】官名。专管天文、历法。唐代设置，"太史局"（后改为"司天台"）的长官，隶属秘书省。

【五监】官署合称。隋唐时期开始设置"五监"。唐代的五监为国子监、少府监、将作监、军器监、都水监。五监到清代只剩国子监，其他四监先后归并到工部。

【印绶监】官署名。明代十二监之一，由掌印太监主管，下设金书、掌司等员。职掌古今通集库及铁券、诰敕、贴黄、印信、勘合、符验、信符等。

【御马监】官署名。明代十二监之一，有掌印太监、监督太监、提督太监各一员，下设监官、掌司、典簿、写字等员。掌腾骧四卫营马匹及象房等事。

【御用监】官署名。明代十二监之一，由掌印太监主管，下设里外监把总、典簿、掌司、写字、监工等员。职掌造办宫廷所用围屏、床榻诸木器，以及紫檀、象牙、乌木、螺甸等器玩。又设仁智殿监工一员，掌武英殿承旨所写书籍画册等。

【直殿监】官署名。明代十二监之一，由掌印太监主管，下设金书、掌司等员。职掌各殿及廊庑扫除。

【诸牧监】官署名合称。唐代设置，专门负责养马的机构。诸牧监养马满五千匹为上监，三千匹以上为中监，三千匹以下为下监，各设监、副监等官，以监牧使领之。

8. "局"字与官署、职官

"局"（jú），小篆作局。《说文·口部》有"局"，但析形有争议。《玉篇·口部》："局，曲也。""局"的基本义是弯曲。《诗经·小雅·正月》："谓天盖高，不敢不局。"①

引申作局促、局限，有所限制的意思。《说文·口部》："局，促也。"曹植《仙人篇》诗："四海一何局，九州安所如?"②

由此引申为划分成部分、局部。《尔雅·释言》："局，分

---

① 说天怎么高? 其实不敢不弯腰。
② 四海，多么局限; 九州，何处可去?

也。"①《礼记·曲礼上》:"左右有局，各司其局。"②

再引申，则指分部办事的官署。如内府局、银作局等。这个意义沿用至今，如警察局、邮电局。

【八局】官署合称。明代宦官官署，分别为兵仗局、银作局、浣衣局、巾帽局、针工局、内织染局、酒醋面局、司苑司。各有掌印太监、佥书、监工等。

【兵仗局】官署名。明代宦官八局之一，有掌印太监及提督军库太监，下设管理、佥书、堂司、写字、监工等员。职掌军器制造。所属有火药司。

【殿中局】官署名。北齐设置，隶属门下省，职掌驾前奉行等事。隋改为殿内局，后又升格为省。参见"省"字"殿中省"和"殿内省"。

【奉驾局】官署名。见"奉"字"奉驾局"。

【奉冕局】官署名。见"奉"字"奉冕局"。

【奉膳局】官署名。见"奉"字"奉膳局"。

【奉医局】官署名。见"奉"字"奉医局"。

【奉宸局】官署名。见"奉"字"奉宸局"。

【奉舆局】官署名。见"奉"字"奉舆局"。

---

① 局部，谓分部。
② 左右分部，各管其部。

【宫闱局】官署名。隋唐时期设置，隶属内侍省。职掌侍奉宫闱，出入门禁。

【浣衣局】官署名。明代宦官八局之一，由掌印太监主管，下设金书、监工等员。凡是宫人年老及退废者发到此局居住。

【惠民局】官署名。宋代设置，隶属太府寺。掌配制药品出卖。

【巾帽局】官署名。明代宦官八局之一，由掌印太监主管，下设管理、金书、掌司、监工等员。职掌宫内使用帽靴制造，包括驸马冠靴及藩王诸旗尉帽靴。

【酒醋面局】官署名。明代宦官八局之一，由掌印太监主管，下设管理、金书、掌司、监工等员。职掌宫廷食用酒醋、粮酱、面豆等物制作。与另一宦官机构御酒房不相统辖。

【内府局】官署名。隋代设置，隶属内侍省，有令、丞。隋炀帝改为长秋监，不置内府局。唐再置，仍属内侍省。职掌中藏（内库）出纳及供灯烛、汤沐、张设等事。

【内织染局】官署名。明代宦官八局之一，由掌印太监主管，下设管理、金书、掌司、监工等员。职掌皇帝及宫廷所用缎匹染造。附属机构有在城西的蓝靛厂。

【尚乘局】官署名。隋炀帝设置，有奉御二人，正五品，领左右六闲（养马场）；有直长十四人，正七品；另有奉乘十人。闲马本属太仆管，隋炀帝时开始建尚乘，为殿内省六尚局之一。唐代相沿。武则天晚年，又另设闲厩使。至开元，尚乘局徒存其名。宋代殿中六尚局均仅存空名。

【尚药局】官署名。自秦汉起，历代都有太医令、丞，为主医药之官。东汉，又开始设尝药监，由宦官担任。北齐，门下省辖有尚药局，总领御药事。隋初，尚药局仍隶属门下省。隋炀帝改为殿内省六尚之一。唐代隶属殿中省。唐制，皇帝服药前，奉御先尝，殿中监、皇太子依次尝毕，然后奉上。宋代殿中省六局仅存空名。以上各朝尚药局外，均另有太医院（署）。

【司经局】官署名。职掌太子宫中图书。南朝梁太子官署有典经局，北齐有典经坊，隋代开始称司经局，唐代一度改名"桂坊"，有洗马等官。

【司苑局】官署名。明代宦官八局之一，由掌印太监主管，下设管理、金书、掌司、监工等员。职掌宫中所需蔬菜、瓜果供应。

【太史局】官署名。唐代设置，隶属秘书省，职掌天文历法。

【奚官局】官署名。"奚"，奴隶之意。南朝齐、梁、陈、北朝齐、隋皆有奚官署，北齐、隋属长秋寺（监）。隋文帝时期改称"奚官局"，隶属内侍省。唐代相沿。职掌奚隶、工役、宫官品命，宫人有病则供给医药，死则给衣服，皆按其品命办理。多以犯罪者从坐之家属充任。

【银作局】署名。明代宦官八局之一，由掌印太监主管，下设管理、金书、写书、监工等员。职掌金银器饰打造。

【针工局】官署名。明代宦官八局之一，由掌印太监主管，下设管理、金书、掌司、监工等员。掌职宫中衣服制造。

【著作局】官署名，唐代设置，隶属秘书省。主官为著作郎，次官为著作佐郎，另有校书郎、正字等官。著作郎职掌碑志、祝文、祭文撰写，与佐郎分判局事。

【铸印局】官署名。明清所设，职掌印玺及官司印信铸造。在汉代，侍御史有印曹，专掌刻印。后世此职虽归属礼部，而无专官。有宋代少府监亦掌铸牌印朱记，有铸印篆文官二人。

9. "寮"字与官署、职官

"寮"（liáo），甲骨文作、，又见右。小篆作，从宀，从寮，寮亦声，会意兼声字。据《甲骨文字典》，字形像在大型宫室中烧火，表示多人在宫室里饮食起居，即指在一室共同居住的人。

甲骨文"寮"

词义引申，"寮"指同署办事的人，百官、官吏。《左传·文公七年》："同官为寮，吾尝同寮，敢不尽心乎？"① 大概因为该引申义是指人，故该字又常作"僚"。《诗经·大雅·板》："我虽异事，乃尔同僚。"②

---

① 在一起做官就是"寮"，我曾经和您同寮，岂敢不尽我的心意呢？
② 我虽然（与你）做不同的职事，但和你是同僚。

又引申为官署，犹如今天称办公的地方。如"卿事寮"等，见下文。

【卿事寮】官署名。周代设置，主管"三事"和"四方"。所谓"三事"，即"三事大夫"，是王畿以内官员的总称；所谓"四方"，即"邦君诸侯"或"外服"，是指王畿以外统治四方的诸侯。总而言之，即执掌国家政事。卿事寮长官称"卿事"，亦作"卿士"，甲骨卜辞作"卿史"。

【太史寮】官署名。周代设置，掌管册命、制禄、图籍、记录国家大事、祭祀、祝卜、礼制、时令、天文、历法等，是兼管神职与人事的机构。

10. "省"字与官署、职官

"省"（shěng），本读 xǐng。甲骨文作**ᗡ**，金文作**ᗡ**，小篆作**省**。甲骨文象眼睛观察草之形，从目，生声，形声字。小篆字形从眉省，从中，会意。"省"本义为察看，读 xǐng。《说文·眉部》："省，视也。"《尔雅·释诂》："省，察也。"《史记·秦始皇本纪》："维二十九年，皇帝春游，览省远方。"①

"省"古代又指王宫禁地、禁中，变读 shěng。《汉书·昭帝

---

① 二十九年，皇帝春天出游，察看远方。

纪》:"帝姊鄂邑公主益汤沐邑,为长公主,共养省中。"①

由王宫禁地又引申指中央官署的名称。如"尚书省""中书省"等,见下文。

【北省】①北齐尚书省的别称,亦称都省。②唐代中书、门下两省合称北省。因这两省在尚书省之北面故称。

【殿内省】"殿中省"前身。见"省"字"殿中省"。

【殿中省】官署名。魏晋南北朝有殿中监一官,是地位较低的官。北齐开始建立官署,称"殿中局",隶属门下省。隋代避杨忠讳改称"殿内局"。隋炀帝大业三年(607年),从门下省分出尚食、尚药、御府、殿内等局和从太仆寺分出车府、骅骝等署,设置"殿内省",职掌宫廷供奉诸事。长官称殿内监,副长官称殿内少监。唐武德元年(618年),改"殿内省"为"殿中省",负责皇帝衣食住行生活诸事,主官置监一员,少监二员,丞二员,所属有尚食、尚药、尚衣、尚舍、尚乘、尚辇六局。唐龙朔二年(662年)曾改称"中御府",咸亨元年(670年)恢复旧称。宋承唐制,与唐略同。辽代设"殿中司",职掌同前代。明代其职归"内侍省",清代归"内务府"。

【黄门省】官署名。唐开元元年(713年),门下省改称"黄门省",开元五年(717年),恢复旧称。

---

① 昭帝姐姐鄂邑公主增封汤沐邑,号称长公主,供养在皇宫之中。

【集书省】官署名。南朝齐始有此名。汉代的散骑、中常侍是皇帝侍从人员。三国魏时，合二官之名为"散骑常侍"，以士人充任。至南朝齐，以散骑常侍为主官的机构称为集书省，职掌规谏、评议、驳正违失等事，是皇帝的侍从顾问部门。北魏仿南朝制度，也有集书省。隋代则将其并入门下省。

【兰省】唐代秘书省的别称，又叫"兰台"。

【两省】唐宋时期，通称门下省与中书省为"两省"，统称门下省五品以上官员左散骑常侍、左谏议大夫、给事中与中书省五品以上官员右散骑常侍、右谏议大夫、中书舍人为"大两省官"。统称门下省五品以下官员起居郎、左司谏、左正言与中书省五品以下官员起居舍人、右司谏、右正言为"小两省官"。

【门下省】官署名。秦、西汉时，列侯、将军等加侍中、常侍等加官，可以出入宫廷办事，为皇帝近侍大臣。东汉末设置侍中寺，晋代改称"门下省"，长官是侍中、给事黄门侍郎，职掌近侍皇帝、备顾问应对、拾遗补阙，并兼管天子衣食起居等事，与尚书、中书省同为执掌机要的部门。北朝政出门下，成为中央权力的重心。隋、唐、宋沿置，已经由宫廷性质变为政务性质。隋代门下省置纳言，职掌献纳谏正及司进御之职。唐代门下省置侍中二员，掌管出纳帝命、总典吏职。凡军国要务，与中书令共议，成为当时宰相之一。唐代曾改称"门下省"为"东台""鸾台""黄门省"，不久复用原名。门下省在金海陵王时被废，后代不再设置。

【秘书省】官署名。秘书省是中央文化教育机关,掌图书经籍之事,相当于国家图书馆兼档案馆。南朝梁始定此名。长官设有监、丞。

"秘书监"作为官名由来已久,从东汉桓帝已开始设置,原先隶属太常寺,三国魏时曾属少府,晋初裁并,西晋末复置。

南朝梁才定"秘书省"为官署之名,北魏亦置。隋代秘书省领著作、太史两局。唐代相沿。唐代曾改所属太史局为"司天台",武后时期曾改为"麟台",不久又都恢复旧称。北宋前期,经籍图书归秘阁管理,秘书仅负责祭祀祝祷文章。宋神宗元丰改官制,秘书省职事恢复。宋代的日历所、会要所、国史实录院等均归秘书省管辖,规模比唐时要大。元朝将职事划归翰林国史院。明代延续,设翰林院,遂废除秘书省之名。

【南省】唐代尚书省又称"南省",因为三省之中,尚书省在中书、门下二省南面。

【内侍省】官署名。管理宫廷内部事务的机构。北朝北齐始置"中侍中省"。隋初避讳改名为"内侍省",设内侍、内常侍等职,纯用宦官任职,领内尚食、掖庭、宫闱、奚官、内仆、内府等局。隋炀帝改为"长秋监",用士人任令、少令、丞,内承奉(原内常侍)等仍用宦官。唐代恢复为"内侍省"。唐高宗时一度改称"内侍监",武后时期又曾改为"司宫台"。人员一律用宦官,由内侍、内常侍等负责。宋代有内侍省,又有入内内侍省,后者犹为亲近。入内内侍省设都都知、都知等,内侍省设左右班教知等。都都知为内官的最高级别。明代内官机构最庞大，有十二监、四司、八局，称二十四衙门，不设相当于内侍省的统辖机构。凡前代宫内各官署之职务，几乎全归宦官，权力甚至在外廷正规机构之上。清代宦官归内务府管辖，不设专由宦官掌管的官署。

【入内内侍省】官署名。宋代设置，景德三年（1006 年）建立，职掌宫廷内部侍奉事务，与内侍省号称前后省，而更接近皇帝。所属都都知、都知、副都知、押班、内东西头供奉官、内侍殿头、内侍高品、内侍高班、内侍黄门等官，都由宦官担任。

【三省】指中书省、门下省、尚书省，三省同为唐代最高国家行政机构。隋唐制度，以三省长官中书令、侍中、尚书令为宰相。中书决策，门下审议，尚书执行。大凡军国大政，必由中书省定策、草为诏敕，交门下省审议覆奏，然后交尚书省颁下执行。门下省如果认为中书省所拟制敕不可，可以封还重拟。凡中央寺监百司及地方各部门呈上的奏章，重要的也必须通过尚书省交到门下省审定，认可后方送中书省呈请皇帝批阅或草拟批答，门下省如认为不妥，可驳回修改。

【尚书省】官署名。南朝宋开始设置。东汉有尚书台，或称中台。南朝宋改名为"尚书寺"，亦称"尚书省"，后世遂均称省，为中央执行政务的总机构。主官为尚书令，副职为左、右尚书仆射，下设诸曹尚书、左右丞、尚书郎等。汉代九卿职务多归尚书各曹，尚书台就已成为中央执行政务的总机构，故尚书令在东汉初官阶虽不高，但实掌大权。魏晋以后，参与机要，归于中书、门下两省，尚书令听命受事。隋唐沿袭前朝制度，中书受机宜，门下掌封驳，尚书执行。唐高宗时，曾改尚书省为"中台"；武后时，又曾改称"文昌""文昌都省""都台""中台"。唐代制度，尚书左仆射统吏、户、礼三部，尚书右仆射统兵、刑、工三部。宋代的尚书省仅有虚名，不能问六部之事。明清时期六部直属君主，不设尚书省。

【五省】晋，南朝宋、齐、梁、陈及北魏时期，尚书、中书、门下、秘书、集书合称"五省"。隋大业三年（607 年），以殿内、尚书、门下、内史、秘书为"五省"。唐代改"殿内省"为殿中、内侍两省，其他沿袭隋代制度，共为"六省"。

【中书省】官署名。中书设省始于三国时期。魏文帝设置中书监、中书令各一人，职掌机要，起草诏令。晋南北朝相沿，南朝梁、陈，政事皆出由中书省。北魏中书省亦称"西台"。北齐中书省职掌王言，又职掌进御之音乐。隋唐时期，中书省与门下、尚书二省为中央行政中枢。隋代因隋文帝父亲名杨忠，所以不用"中"字，改名"内史省"，又改"内书省"，主官废除"监"，存"令"。唐代恢复"中书省"原名，主官称"中书令"。高宗时曾改称"西台""右相"。武后曾改称"凤阁""内史"。唐玄宗开元初曾改称"紫微省""紫微令"。不久恢复旧称。天宝时期改"中书令"为"右相"。唐肃宗至德时恢复旧称。明洪武十三年（1380 年）罢中书省，废丞相，由皇帝亲揽政权，机要渐归内阁，名义上没有了丞相，而大学士职权实同宰相。

【紫微省】官署名。皇帝的侍从顾问机构，职掌规谏、评议、驳正违失等事。唐开元元年（713年），中书省改称"紫微省"。开元五年（717年），恢复旧称。

11. "署"字与官署、职官

"署"（shǔ），小篆作 。《说文》："署，部署，有所网属。从网，者声。"本义是布置，安排。形声字。部署任务，若网在纲，网眼各有归属，故从网。《广雅》："署，置也。"《汉书·高帝纪》："部署诸将。"①

词义转移，指官署，官吏办公的地方。《国语·鲁语》："夫署，所以朝夕虔君命也。"② 如"司宾署""织染署"等，见下文。

【导官署】官署名。秦汉设置导官令，汉代隶属少府，掌皇室所用粮食。历代相沿。北齐及隋唐改称导官署，隶属司农寺，掌舂碾米面油烛，以供宫廷及各官署之用。宋代废除。

【典客署】官署名。隋唐时期在鸿胪寺之下设置典客署，专门负责招待外国宾客。

---

① 安排各位将领。

② 官署，是臣子从早到晚敬奉君王使命的地方。

【典牧署】官署名。唐代太仆寺所署的四署之一。职掌诸牧杂畜给纳及酥酪脯腊制作之事。

【良酝署】官署名。隋代以太官、肴藏、良酝、掌醢为光禄寺四署，设令及丞。唐代相沿。良酝职掌供应宫廷所需之酒。宋代改属御厨，有内酒坊。明代光禄寺复设大官、珍馐、良酝、掌醢四署，有署正等官。清承明制，掌供备羊、酒，并备酿酒所用器物，供用宫廷日用羊肉及牛乳。有署正、署丞，所属有酒局。

【廪牲署】官署名。职掌供应祭祀时所用的牲畜和粮食。秦汉时期设有廪牺令、丞，为左冯翊的属官，后隶属大司农。魏、晋、南北朝皆沿置。北齐始设廪牲署，职掌同前代，置令、丞主之，隶属太常寺。隋、唐亦均属太常寺。宋废。

【三署】汉代后备官员候补的处所有五官、左、右三处，称为三署。三署分别由五官中郎将、左中郎将、右中郎将统领。三郎通称"三署郎"，统属于光禄勋。

【上林署】官署名。西汉设置水衡都尉，东汉改称上林苑。隋唐称上林署，隶属司寺，有令二人、丞四人，职掌园囿池沼、种植蔬果、藏冰之事。

【署丞】官名。见"丞"字"署丞"。

【署令】官名。见"令"字"署令"。

【署长】官名。见"长"字"署长"。

【署正】官名。见"正"字"署正"。

【司宾署】官署名。明代鸿胪寺领司仪、司宾二署，主管朝贡使臣，辨其身份地位，教其拜跪仪节。

【司仪署】官署名。职掌凶礼及丧葬之具。唐代制度，京官职事三品以上、散官二品以上祖父母、父母丧，职事散官五品以上、都督、刺史卒于京师，及五品因公死亡者，按不同品级举行丧礼并赠以丧葬之具。

【太仓署】官署名。秦汉时期，设置太仓令，汉代隶属大司农，职掌收受和贮存郡国上交的谷物。历代相沿。北齐及隋唐改称"太仓署"，隶属司农寺，职掌仓廪出纳。宋代废除。

【图画署】官署名。金代设置，职掌图画缕金匠。其官有令、丞、直长。

【武器署】官署名。唐代开始设置，隶属卫尉寺，有令、丞。职掌祭祀、朝会、皇帝出巡及公卿大臣婚葬所用卤簿、仪仗、旗鼓、笛角等。

【掌醢署】官署名。职掌供应蜜、醋及鹿、兔、羊、鱼肉酱。隋代隶属光禄寺，下设令及丞。唐代相沿。明代光禄寺也设置，下设署正等官。清沿明制，为光禄寺四署之一。

【掌冶署】官署名。职掌铸造金、银、铜、铁器物及涂饰琉璃玉作等事。隋代设置，隶属少府监，唐代相沿。

【珍馐署】官署名。清沿明制，为光禄寺四署之一，职掌宗庙之荐新等事。官员品级俱同大官署。

【甄官署】官署名。汉代的甄官即陶瓦工厂，晋代以后在少府设置甄官署，隋代改为隶属太府寺，唐代改为隶属将作监。宋代直接称窑务监。

【织染署】官署名。唐代沿袭隋制，设置织染署，隶属少府监。职掌织纴组绶、绫锦冠帻，并染锦罗绢布等。

12. "司"字与官署、职官

甲骨文"司"（sī）和"后"（hòu）是一个字，后来分化为两个字。"司"，甲骨文作 、，两个形体相反。从人，从口，会意字。人挥着手（通常"人"字作 ，手朝前下方伸直，而

甲骨文"司"

"司"中之人，手伸向前上方，为挥手貌）、张着大口，是发号施令者的形象。今天的楷书"司"已经看不出"人"了。

《说文·后部》："司，臣司事于外者。""司"的本义是指在外办事的官吏。词语有"有司"，指主管某一部门的官吏。《左传·成公九年》："有司对曰：'郑人所献楚囚也。'"①

引申之，"司"作动词，表示掌

---

① 官吏回答说："是郑国人所献的楚国俘虏。"

管、主持。《诗经·郑风·羔裘》："彼其之子，邦之司直。"① 以"司"取名的官名，多取义于此，表示掌管某事务或某机构。如"司马""司铎""司兵"等，见下文。

由"官吏"又引申为官吏办事的处所，即官署，指分工办事的部门，管理某事务的部门。如"南司""北司""兵马司"等，见下文。

【北司】官署别称。唐代称内侍省为北司。唐代的宫城在皇城之北。中书、门下、尚书三省及所属各官署都设在皇城之中，内侍省则设在宫城之中，位于各官署的北面，故称。

【兵马司】官署名。明代设置中、东、西、南、北五城兵马指挥司，各置指挥、副指挥，划境分领京城内外，负责维持京城治安，疏理街道沟渠及掌管捕盗、火禁等事，并未实际掌握兵权。简称"兵马司"。

【茶马司】官署名。宋代在成都、泰州设置都大提举茶马司，专管以川茶与西北少数民族交换马匹。明代初期在洮州、秦州、河州等州，清代在陕西、甘肃皆置茶马司，其职掌与前代同，负责茶马贸易。

【大司空】官名。汉成帝时期，改御史大夫为大司空，后来恢复旧称。汉哀帝时期，又再改为大司空，与大司徒、大司马并

---

① 他是那样一个人，即国家主持正直的人。

称"三公"。后代用作"工部尚书"的别称。

【大司马】官名。《周礼》记载，大司马主要职掌武事。汉武帝时期，授予霍光大司马大将军之职，实际掌握了宫廷内朝全部政务。丞相之职名存实亡。汉哀帝时期，改丞相为大司徒，改太尉为大司马，改御史大夫为大司空。大司马、大司徒、大司空变成共同负责的政务长官，职务上无太大区分。东汉时期，改大司马为太尉。太尉、司徒、司空并称"三公"。隋唐以来，大司马多作为荣誉头衔授予位高权重的大臣，不具实际职务。后代用作"兵部尚书"的别称。

【大司农】官名。九卿之一。前身为秦代治粟内史，见"史"字"治粟内史"。中国古代为农业社会，农业生产是主要的经济来源。"司农"，管理农业，也就掌控了国家的经济命脉。此外，新兴的盐铁专卖事务也由大司农主管。

大司农主管全国的赋税，是汉朝的中央政府财政部，凡国家财政开支，军国的用度，诸如田租、口赋、盐铁专卖、均输漕运、货币管理等都由大司农管理。

汉景帝后元元年（前143年）改名"大农令"。汉武帝太初元年（前104年）改名"大司农"。据《汉书·百官公卿表》记载，属官有太仓、平准、均输、都内、籍田五令及丞。北齐时期，改称"司农寺卿"，隋唐以后相沿，见"司农寺卿"。唐代一度改"司农"为"司稼"，后来恢复旧称。明代初期，设置司农司，不久便废除，其职掌并入户部。明清时期，"大司农"常用作户部尚书的别称，简称"大农"。

汉代著名经学家郑众曾官任大司农，所以世称"郑司农"，后代也用来称誉博学的人。

【大司徒】官名。汉代，最初以丞相、太尉、御史大夫分别掌管最高的政、军、监察三权。汉哀帝时期，改定三公名称，以丞相为大司徒，太尉为大司马，御史大夫为大司空。大司徒的地位不如以前的丞相重要，排在大司马后面。汉武帝以后，大司马大将军的职权最重，成为实际上的宰相，如霍光。隋唐以来，大司徒多作为荣誉头衔授予有威望的大臣，不具实际职务。

【大司乐】官名。职掌乐舞之事。据《周礼》记载，春官宗伯的属官有大司乐。后世乐舞之事多归入太常寺的职掌。

【惠民司】官署名。金代设置，隶属礼部，长官为令，职掌配制发卖汤药，以施惠于民。宋代改称"惠民局"。

【开府仪同三司】汉魏之间开始有此称号。开府指的是开公府、自选官僚。古代高级官吏如三公、大将军、将军有这种权力。魏晋以后开府的逐渐增多。三司即太尉、司徒、司空。开府仪同三司指的是与三司体制待遇相同，可以自行设置府署，自选幕僚。开府仪同三司是大臣的加衔，其本身必有其他职务。南北朝时期的大文学家庾信官至车骑大将军、开府仪同三司，故后世称他为"庾开府"。唐宋至元代乃以开府仪同三司为最高级之阶官。明代废去。

【六司】官署总称。①隋代宫廷女官有司令、司乐、司饰、司医、司筵、司制，总称六司。②唐代府、州置司功、司仓、司户、司兵、司法、司士六官，总称六司，亦称六曹。

【南司】官署名。①南衙。唐代皇宫所在的宫城在长安城的北面。省、台、寺、监各官署都设在皇城内，位居宫城的南面，所以称"南衙"或"南司"。②南北朝时期，御史中丞的别称。南北朝时期，御史台在尚书省的南面，所以御史台又称南台，御史中丞为台中首长，所以称"南司"。

【三法司】官署合称。明清时期，以刑部、都察院与大理寺合称三法司，重大案件由三法司会审。初审以刑部与都察院为主，复审以大理寺为主。

【三司】①东汉三公（太尉、司徒、司空）称三司。太尉原名大司马，与司徒、司空均有"司"字，故称。②唐代重要的刑狱由刑部、御史台、大理寺会审，称为"三司"。③五代、北宋称盐铁、户部、度支为"三司"，长官称"三司使"，掌管国家财政统筹。④明代，各省的都指挥使司、布政使司、按察使司合称"三司"。

【三司会审】唐代由大理寺、御史台、刑部组成"三司"，对重大狱案进行审理，称"三司会审"。

【僧录司】官署名。宋代设置，隶属鸿胪寺，分左、右街僧录司，掌管佛教徒事务。明洪武十五年（1382年）设置僧录司，职掌僧侣事务，隶属礼部，清代相沿。

【司兵】①中央官名。职掌兵器。据《周礼》记载，司兵为夏官司马的属官。②地方官名。职掌军防、门禁、田猎、烽候、驿传等。唐代，府的属官置有兵曹参军，州的属官置有司兵参军，县的属官置有司兵。至宋废除。

【司仓】地方官名。唐代，在州设置司仓参军，在县设置司仓。主管仓库、租赋、财货等。至宋废除。或称"仓督"。

【司城】官名。春秋时期，宋国避宋武公之名（司空），改司空为司城。

【司铎】官名。相传古代颁布新政令，必须摇大铃聚众而告之。所以后来称主持教化的官员为司铎。后世又称教官为司铎。

【司法】地方官名。唐代，在府设置法曹参军，在州设置司法参军，在县设置司法。主管鞫狱定刑、督捕盗贼等司法、治安工作。

【司工】官名。即司空，出土文献多作"司工"。见"司"字"司空"。

【司功】地方官名。唐代，在州府设置司功参军，在县设置司功。职责范围相当广泛，包括官园祭祀、礼乐、学校、选举、表疏、医筮、考课、丧葬等。

【司关】官名。职掌国境货物的出入。据《周礼》记载，司关为地官司徒的属官。

【司户】地方官名。唐代，在州设置司户参军，在县设置司户。主管户籍、婚姻、田宅、杂徭等。

【司稼】官名。职掌巡视稼穑，辨析谷种及其所适宜种植的土地。据《周礼》记载，司稼为地官司徒的属官。

【司空】官名。西周开始设置，掌管筑城修路等重大工程。司空，金文都写作"司工"。春秋、战国时期相沿。宋国因武公名司空，于是改"司空"为"司城"。西汉成帝时期，改"御史大夫"为"大司空"。后世用作工部尚书的别称，侍郎则称"少司空"。

【司寇】官名。职掌刑狱、纠察等事。西周时期开始设置，春秋、战国时期相沿。春秋时期，楚国和陈国称"司寇"为"司败"。后世以"大司寇"为刑部尚书的别称，侍郎则称"少司寇"。

【司李】官名。古代"理""李"字相通假。因此"司理"也称"司李"，是对推官的一般称呼。

【司理】官名。全称为"司理参军"。宋代初期各州设有马步院，以军人为判官，掌狱讼。宋太祖开宝六年（973年）改各州"马步院"为"司寇院"，以文臣为"司寇参军"，后改"司寇"为"司理"。

【司隶】官名。职掌捕盗。"隶"的本义是逮捕，"司隶"即负责逮捕。据《周礼》记载，司隶为秋官司寇的属官。司隶的属官有禁暴氏（职掌禁止以暴力侵犯他人及诈骗造谣等事）、野庐氏（职掌维持国都通达四畿的道路交通畅达，并接待保护沿途宾客，查禁沿路犯法与可疑之人）、司寤氏（职掌宵禁，禁止夜游，保护早晨出行的人）、修闾氏（职掌国都城中闾门道路的禁戒）

等，都与社会治安有关。

【司马】官名。①西周开始设置，掌管军政和军赋。春秋、战国相沿。汉武帝时期改"太尉"为"大司马"，后世用作兵部尚书的别称，侍郎则称"少司马"。见"司"字"大司马"。②汉代，大将军营有五部，每部设置军司马一人。从魏晋到宋代，司马都是军府的属官，辅佐将军，综理一府之事，参与军事计划。唐代为州郡的佐官。

【司门】官名。职掌国门的启闭。据《周礼》记载，司门为地官司徒的属官。

【司士】①中央官名。职掌群臣的爵禄等。据《周礼》记载，司士为夏官司马的属官。②地方官名。唐代，在州置有司士参军，在县置有司士，职掌工役之事。

【司徒】官名。西周时期，卿士下设置司徒、司马、司空三大夫。司徒掌管国家土地和人民。金文中多作"司土"。晋国因僖侯名司徒，于是改"司徒"为"中军"。西汉哀帝时期，改丞相为"大司徒"，东汉时期，改称"司徒"。

【司土】官名。即司徒，出土文献多作"司土"。见"司"字"司徒"。

【司务】官名。负责衙署内的杂务。明清时期，在各部设置司务厅司务。

【司业】官名。古代，司业兼为乐官和国子学教官。隋代，新设四监，国子监以祭酒为长官，司业为副官。后世相沿。

【司仪】官名。据《周礼》记载，周代，司仪为秋官司寇的属官，职掌接待宾客之仪礼。后代均设此官。隋唐时，更在鸿胪寺设司仪署，"司仪"为"司仪署令"的属官，除了接待兵客外，还要负责丧葬殡仪等。宋元两代未设，明代复设，清代废。

【司直】官名。①汉武帝时期设置，辅佐丞相检举不法，位在司隶校尉之上。东汉改为司徒司直，为司徒府的辅佐官，职掌审查州、郡等上报的案件，后废。②北魏设置，为廷尉的辅佐官，负责审理御史检举弹劾之事。北齐时期改为大理司直。隋唐相沿，宋代则分断刑司直、治狱司直，各治其事。明代废除。③太子的属官，职掌弹劾东宫官僚，宋代废除。

【通政使司】官署名，简称"通政司"。明洪武十年（1377年）置。职掌接受内外章奏与臣民建言、控诉等事，有通进使及参议等官。

【行军司马】地方官名。掌军籍符伍、号令印信。汉代以来，将军开府，多设有司马一官，辅佐将军综理府内事务，作战时也可参与谋划。或称军司马、军司。唐代在出征的将帅和节度使下设有行军司马。如韩愈曾以太子右庶子①充任宰相裴度的行军司马。唐代后期战事频发，行军司马多以手中握有军事实权的人充任。行军司马在唐代是军中要职，像韩愈以文人担任行军司马的

---

① 太子的侍从官。"庶子"本是众子的意思。众子都是服务于太子的，因此秦汉以后以庶子为太子宫官之一，相当于皇帝身边的侍中。"右庶子"全称为"右春坊右庶子"。

情况是比较少见的。

【行人司】官署名。职掌传旨、册封等事。凡颁行诏敕、册封宗室、抚谕四方、征聘贤才，及赏赐、慰问、赈济、军务、祭祀，则派遣其中的行人出使。明代设置。行人司设置司正为长官，有左右副使及行人若干，以进士担任。职能与《周礼》所载的"行人"和前代大鸿胪之属官行人、大行令不同。

【押司】吏名。宋代官衙中的吏员，负责办理案牍等事。据《宋史·职官志》记载，群牧司与临安府吏员皆有押司官，其名为官而实为吏。

【掌礼司】官署名。见"掌"字"掌礼司"。

【掌仪司】官署名。见"掌"字"掌仪司"。

【镇抚司】官署名。明代设置，隶属锦衣卫，分南、北镇抚司，专用酷刑镇压异己。

【州司马】地方官名。唐代州刺史的佐官之一。唐代中叶以后，各州都设置州司马，多以处置被贬斥之官。如果被贬之地，原来就有正任的司马，则被贬斥的官称"员外置同正员"，不能参与公事，等于闲置。唐代州郡官制之名多名不副实，凡定制所设之官多为虚职，实权都在长官临时委派的人。司马本为军职。唐代只有节度使下的行军司马具有实际的参谋长的性质，而州司马与司马的原意毫不相干。州司马常用来安置政治斗争失败的官员。唐代不少文学家有被贬为州司马的经历，如白居易曾被贬为江州司马，刘禹锡曾被贬为朗州司马，元稹曾被贬为通州司马。

13. "寺"字与官署、职官

"寺"（sì），金文作 ![金文字形]，小篆作 ![小篆字形]。从寸，之声（"![古文字形]"为"之"的古文字形），形声字。"寸"跟法度有关，《说文·寸部》："寺，有法度者也。"① 《玉篇·寸部》："寺，司也。"本义指官署，官府。颜师古注《汉书·元帝纪》"城郭官寺"曰："凡府庭所在皆谓之寺。"② 如"大理寺""鸿胪寺"等，见下文。

佛教寺庙的"寺"，源自汉代"鸿胪寺"的"寺"。东汉明帝时期，西域僧人摩腾、竺法以白马驮经书到中国，住在鸿胪寺。后建造"白马寺"给他们居住，于是"寺"有了佛寺义。

【大理寺】官署名。古代中央审判机关。古称法官为"理"或"李"，秦汉时，以廷尉为最高的司法之官，中间偶尔曾改廷尉为大理，不久仍用旧名。北齐时始设大理寺，其长官是卿和少卿。隋唐以后均沿其制。唐高宗时一度改为详刑寺，不久复用大理寺原名。唐代大理寺审理一般刑事案件，遇有特别重大案件，

---

① 寺是有法制的地方。
② 凡是官府所在的处所都叫作寺。

由大理寺卿会同刑部尚书、御史中丞共同审理，叫作"三司推事"。宋代大理寺分置左右，左寺断刑，右寺治狱。明清两朝的大理寺，主要掌管复审案件，为纠正冤屈误判案件的机关，与唐制不同。明代凡重大案件，均由三法司（刑部、大理寺、都察院）审理，叫作"三司会审"。如遇特大案件，则由三法司会同吏、户、礼、兵、工各部尚书和通政使共同审理，叫作"圆审"。清代凡重大案件，亦令三法司会勘，其程序为：先经刑部审明，送都察院参核，再交大理寺平允。大理寺下的左右二寺，其分工为京外按省区划分，京内按衙门划分，各有职掌。至光绪时，改革官制，称大理院，由原来的平反刑名案件改为审判诉讼案件。

【光禄寺】官署名。总理朝会、祭享等典仪中膳羞供设，统领太官、珍馐、良酝、掌醢四署。长官有光禄卿一人，少卿二人，光禄丞二人。

【鸿胪寺】官署名。秦及汉初，九卿中有典客，汉武帝时改名大鸿胪。掌管诸侯王及少数民族首领的迎送、接待、朝会、封授等礼仪以及赞导郊庙行礼、管理郡国计吏等事。北齐始置鸿胪寺，历代沿置。明清时鸿胪寺长官有鸿胪寺卿一人，左右两少卿，左右两丞。其少卿为卿列中地位最低的人。

"鸿胪"之名，取大声传赞之意。鸿，大也，胪，传也。殿廷典礼，必须大声指导进退拜起的礼节。鸿胪的本职是引导外宾。后世礼部另有主客一司，鸿胪寺开始专门掌行礼的礼节。久之，鸿胪寺便成为外廷官署，不能直达宫廷，于是传宣引导之事，另由内廷官员担任，鸿胪寺所掌便只限于外朝的大朝会。

【阉寺】官名。"阉人"（职掌宫门开闭）和"寺人"的省称。见"寺"字"寺人"。

【九寺】九卿官署合称。汉代以太常、光禄勋、卫尉、太仆、廷尉、大鸿胪、宗正、大司农、少府，称"九寺大卿"。到北齐时，以太常、光禄、卫尉、宗正、太仆、大理、鸿胪、司农、太府为"九寺"，各置卿一人，如太常卿、光禄卿等。于是太常、太仆诸官名，则变为官寺之名，而别设正卿作为寺中之长官。辽金遂称太常寺卿、光禄寺卿等，一直到清末。

【司农寺】官署名。秦朝时置治粟内史，汉景帝改名"大司令"，武帝太初元年又改名为"大司农"。北齐时设置司农寺，后历代沿置。职掌粮食积储、仓廪管理及京都朝官禄米供应等事务。唐代的司农寺，统领上林、太仓、钩盾、导官四署，以及诸仓、司竹、诸汤（池）、营苑、盐池、诸屯等监。长官有司农卿一人，少卿二人，司农丞六人。司农寺所领的太仓是国家粮库。

【寺卿】汉代设置太常、光禄勋、卫尉、太仆、廷尉、大鸿胪、宗正、大司农、少府，号称"九寺大卿"，简称"寺卿"。汉代府、廷等官署均称寺，如御史府称为御史大夫寺等。此即太常寺、鸿胪寺等官署名的起源。

【寺人】古代宫中供使令的小臣，周代已设置，多以阉人充任。亦作"侍人"，取亲近侍御的意思。《周礼·天官·寺人》："寺人掌王之内人之戒令，内宰为之长。"后世称宦官为寺人。

【太常寺】官署名。职掌宗庙祭祀之事。统领郊社、太庙、诸陵、太乐、鼓吹、太医、太卜、廪牲八署。长官有太常卿一人，少卿二人，太常丞二人。

【太府寺】官署名。南朝梁开始设置，与少府寺相对，均为供应皇室用度的官署，而以太府专管库府出纳，以少府专管工程营造。到了唐代，太府寺不再以皇室私用为职掌，而变为国家金、谷的保管出纳机构。据《新唐书·百官志》记载，唐代设太府寺卿一人，从三品；少卿二人，从四品，职掌财货、廪藏、贸易等事，统领京都四市，左、右藏，常平七署。凡四方供赋、百官俸禄，均由少府寺收入和支出。太府寺的左藏是国家金库。

【太仆寺】官署名。北齐始设太仆寺，此后历代设置略同。唐代太仆寺职掌厩、牧、车、辇之事，统领乘黄、典厩、典牧、车府四署。长官有太仆寺卿一人，少卿二人。

【卫尉寺】官署名。掌管国家武库、器械、文物，统领武库、武器、守官三署。唐制，卫尉寺长官有卫尉寺卿一人，少卿二人，丞二人。

【宗正寺】官署名。晋代始设宗正寺，唐宋沿置，为管理皇室宗族事物的机构，与太常、光禄、卫尉等寺同为卿寺之一。明清设置宗人府，大体上虽沿袭宗正寺的旧制，但已经升为高级特殊机构，不在一般的行政系统之内。宗正寺的长官有宗正卿一人，少卿二人，宗正丞二人。

14. "台（臺）"字与官署、职官

古代"臺"（tái）与"台"（yí）本是两个不同的字词。"台"，金文作 🔣、🔣，小篆作 🔣，从口目（以）声，本读 yí，指怡悦；"臺"，小篆作 🔣，从至，从之，从高省，读 tái，指用土石筑成的方形的高而平的建筑物。《说文·至部》："臺，观。四方而高者。"[①] 今简化字用"台"（tái）来表示"臺"等字，于是变读 tái。《国语·楚语上》："故先王之为台榭也，榭不过讲军实，台不过望氛祥。"[②]

引申之，"台"（臺）表示古代中央官署的名称。如"御史台""都水台"等，见下文。

【东台】官署名。唐龙朔二年（662 年）由门下省改置。咸亨元年十二月，恢复旧称。见"省"字"门下省"。

【都水台】官署名。西晋建立都水台，主管治水，以都水使者为主官。晋代以后大体相沿设置，除南朝宋一度废除，南朝

---

① 臺，台观。四四方方而高出地面的土筑物。
② 所以先王建造台榭，榭不超过演练军队所需的高度，台不超过观望凶气、吉气所需的高度。

梁、陈以大舟卿为官名外。隋开皇三年（583 年），将都水台废
除，职能并入司农，开皇十三年复置。隋仁寿元年（601 年），改
都水台为"都水监"，官名也称"都水监"，后改称"都水使
者"。唐代相沿设置，长官称"都水使者"。明代在工部设都水
司，不单独置监。

【都台】官署名。唐垂拱元年（685 年），改尚书省为"都
台"。后恢复旧称。见"省"字"尚书省"。

【兰台】①宫廷收藏图书和档案的地方。②秘书省的别称。
唐龙朔二年（662 年），改秘书省为兰台。

【麟台】官署名。唐垂拱元年（685 年），改秘书省为麟台。
神龙元年（705 年）恢复旧称。

【鸾台】官署名。唐光宅元年（684 年），由门下省改置。神
龙元年（705 年）又恢复旧称。见"省"字"门下省"。

【南台】南朝梁与北朝魏齐时，御史台的别称。见"台"字
"御史台"。

【三台】①据应劭《汉官仪》记载，汉代以尚书台为中台，
御史台为宪台，谒者台为外台。②三公的别称。据《晋书·天文
志上》记载，本为星名，共六星，分成上中下三台。以天象拟人
事，因有此称。③隋代指御史台、谒者台、隶司台。

【尚书台】官署名。东汉开始设置。因尚书的办公处所位于
宫中的中台，所以以台称其官署，又称作"中台""台阁""台
省"等。隶属于少府，掌管文书。长官为尚书令，副职为尚书仆

射，下分六曹，各设尚书一人，其余尚有左右丞、侍郎、令史等。尚书台名义上隶属于少府，长官尚书令官秩也仅千石，但因群臣奏章都要经过尚书，皇帝的诏令也都由尚书起草并下达，使其地位极为重要。魏晋以后，尚书台从少府独立出来，由文书机关变为全国最高行政机关。南北朝时期，改尚书台为尚书省。

【司宫台】官署名。唐垂拱元年（685 年），改内侍省为司宫台。神龙元年（705 年）复原名。

【司隶台】官署名。隋炀帝设置，职掌巡察京畿和地方。每年二月出巡地方，十月入奏。后罢司隶台，只临时选京官清明者，用"司隶从事"名义出巡。

【司天台】官署名。唐代后期设置，前身为"秘书省"的太史局，后代发展成钦天监。

【肃政台】官署名。唐光宅元年（684 年），改御史台为"左肃政台"，并增置"右肃政台"。台官称"肃政大夫"。左台负责监察中央各官署、监军旅；右台负责监察州县，观察风俗。唐神龙元年（705 年），恢复御史台旧名，仍保留左右二台。唐太极元年（712 年），废去右台，独留左台，称"肃政台"。

【台院】见"院"字"台院"。

【文昌台】官署名。唐光宅元年（684 年），改尚书省为"文昌台"，不久再改为"文昌都省"。垂拱元年（685 年）改称"都台"。长安三年（703 年）改为"中台"。神龙元年（705 年）恢复尚书省原名。见"省"字"尚书省"。

【五台】唐龙朔二年（662 年），改尚书省为中台，门下省为东台，中书省为西台，秘书监为兰台，御史台为宪台，统称"五台"。

【西台】官署名。唐龙朔二年（662 年），改中书省为西台。咸亨元年十二月，恢复原名。见"省"字"中书省"。

【宪台】御史台的别称。见"台"字"御史台"。唐龙朔二年（662 年），改御史台为宪台，咸亨元年（670 年）恢复旧称。后世也用作地方官吏对知府以上长官的尊称。

【谒者台】官署名。职掌朝见引纳，殿廷通奏。东汉开始设置。南朝梁、陈与北齐也设有谒者台。隋代初期废置，隋炀帝复置，与司隶台、御史台合称"三台"。唐代初期废除。

【御史台】官署名。秦统一全国后，建立御史府，长官称御史大夫，兼有保管图书档案和监察官吏的双重职责。西汉承秦制。西汉末年，御史府改为御史台，长官为御史中丞，隶属少府。另立兰台保管档案，御史台开始成为专门的监察机关，别称"宪台"。魏晋以后，御史台从少府中独立出来，成为全国最高的监察机关。唐代御史台长官为御史大夫，御史中丞为副职。御史台分为台院、殿院、察院三院，分别由侍御史、殿中侍御史、监察御史领之，称为"三院御史"。唐代曾一度改御史台为肃政台，后复原名。明代改御史台为都察院，其长官为左右都御史、左右副都御史、左右佥都御史。清朝仍用都察院之名，以左都御史、左副都御史为长官。

【中台】官署名。唐长安三年（703 年），改尚书省为中台。

神龙元年（705 年），唐中宗即位后恢复旧称。见"省"字"尚书省"。

15. "院"字与官署、职官

"院"（yuàn），小篆作 隖。从宀，阮声（依《段注》），形声字。本指院墙、围墙。《广雅·释宫》："院，垣①也。"《玉篇》："院，周垣②也。"

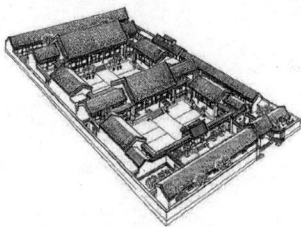

引申转指围墙所围的房屋，院子。《广韵·线韵》："院，垣院。"③《旧唐书·李愬传》："所处先人旧宅一院而已。"④

再引申，表示官署的名称。如"枢密院""翰林院"等，见下文。

【察院】官署名。唐、宋时御史台成员有侍御史、殿中侍御史、监察御史等。监察御史的官署称"察院"。设监察御史十五人。监察御史在三院御史中，品位最低，但职权很重，掌巡察州县、屯田、铸钱等。尚书省有会议，亦实行监督，其他各司宴

---

① 垣（yuán），围墙。
② 周垣，围墙。
③ 垣院，有围墙的院子。
④ （李愬）所居住的只有先人传下来的一座旧院子。

会、司射等活动，监察御史都要参与。其监察范围之广，是台院、殿院所不及的。明、清改御史台为"都察院"，亦简称"察院"。明、清各省巡按御史出巡途中停留办公的衙署，亦称"察院"。

【崇文院】官署名。唐代设置崇文馆，设学士若干人，为太子属官，掌书籍及教授。宋代初期，以昭文馆、史馆、集贤院并秘阁总为崇文院。元丰改制后仍归秘书省。

【殿院】官署名。唐、宋时御史台成员有侍御史、殿中侍御史、监察御史等。殿中侍御史的办公机构称殿院。殿院设殿中侍御史九人，职掌殿廷供奉之仪式。开元年后，也参与司法审判。

【都察院】官署名。明代的司法行政监察机构。明洪武十五年（1382 年）由御史台改置，为最高监察机关，以左、右都御史为长官，次官为左、右副都御史及左、右佥都御史。

【翰林院】官署名。唐代初期设置，以为皇上身边的文词、经学、医卜、僧道、书弈等侍奉官员之署。这些侍奉官员，居于宫中，以备皇上随时召见，但不是正式职官。唐玄宗初期，设置翰林待诏，职掌四方表疏批答，应和文章。不久又选文学之士为翰林供奉，与集贤院（属中书省）学士分掌制诏书敕。开元二十六年（738 年），改翰林供奉为翰林学士。另置学士院，专掌内命，起草拜免将相、号令征伐等重要诏令。

宋代承唐制，在内侍省下设翰林院，置勾当官一员，以内侍押班、都知充任，统领天文、书艺、图画、医官四局。另设翰林学士院，职掌起草制、诰、诏、令。

明代翰林院职掌制诰、修史、著作、图书等事，成为正式的外朝官署。长官为翰林学士，下有侍读学士、侍讲学士、史官修撰、检讨等官。清沿明制，其长官为掌院学士。

【集贤院】官署名。唐开元五年（717年），在乾元殿写经、史、子、集四部书，设置"乾元院使"。次年，改名"丽正修书院"。开元十三年（725年），改名"集贤殿书院"，通称"集贤院"。唐代集贤殿书院，以宰相一人为学士，掌管院事。宋代设置昭文馆、史馆、集贤院，称为"三馆"，掌理秘书图籍等事。集贤院置大学士，由宰相充任，并设学士、直学士、修撰、校理等官。后又别设秘阁。宋以后均废，明清归入翰林院，故习惯上称翰林院为"馆阁"。

【谏院】官署名。宋代从门下省划出来，以左右谏议大夫、左右司谏、左右正言担任谏官。职掌谏净，凡朝政缺失，大臣及百官任用不当，朝廷各部门事有违失，皆可谏正。如以他官主管谏院，则称知谏院。

【磨勘院】官署名。宋代设置。磨勘，即审核或勘验，在考绩方面专指对国家官员的考核与迁转。分磨勘京朝官院和磨勘幕职州县官院。负责对京外官和选人进行考核。后前者改为"审官院"，后者改为"考课院"。

【枢密院】官署名。五代首创。它由后梁的崇政院演变而来。梁太祖朱温时设立崇政院，任敬翔为崇政使。崇政使参与统军治国大事的谋议，宣布皇帝旨意，比宰相更亲近皇帝。后唐时崇政

院改称枢密院。主要管理军事机密、边防事务，与中书省并称
"二府"，同为最高国务机关。

【台院】官署名。唐、宋时御史台的官员有侍御史、殿中侍
御史、监察御史等。侍御史的办公机构称台院。台院设侍御史六
人，以弹劾不法官吏和参与一些司法事务为主要职掌。

【太医院】官署名。职掌宫廷医药。汉代有太医令，隶属少
府。隋唐时期，设置太医署。宋代设置翰林医官院。金代设置太
医院。明代也称"太医院"。

【文思院】官署名。宋代设置。负责制造金银、犀玉等器物，
以供宫廷使用。

【御史台三院】唐、宋时期，御史台下的台院、殿院、察院，
通称"御史台三院"。三院分别由侍御史、殿中侍御史、监察御
史领之，称为"三院御史"。

词条索引

bù

布政使

步兵校尉

C

cān

参将

参军

参军都护

参军事

参领

参谋

参谋军事

参议

参议朝政

参预朝政

参赞

参赞大臣

参政

参知政事

cāng

仓曹参军

仓曹掾

仓督

仓监

仓吏

仓长

cáo

漕曹掾

chá

茶马司

察院

cháng

常侍谒者

chǎng

长铍都尉

长水校尉

chē

车府令

chéng

丞史

丞相

丞相长史

承务郎

dào

道正

dì

地官

diǎn

典簿

典籍

典厩署令

典军校尉

典客

典客署

典命

典牧署

典签

典史

典属国

典祠

典卫

典谒

典乐

diàn

殿阁大学士

殿内省

殿院

殿中局

殿中省

殿中侍御史

dōng

东曹掾

东台

东台舍人

冬官

dū

都察院

都督

都官

都护

都讲

都吏

都内

都内丞

都内令

都事

都水丞

fú

服官

符节令

fǔ

府丞

府牧

府尹

府知事

辅臣

fù

驸马都尉

副将

傅父

傅母

G

gān

甘丞

gé

阁老

gōng

工部

工部郎中

工部尚书

工部侍郎

工官

工师

工尹

工正

公车令

公乘

公府

公孤

公爵

公卿

公士

公相

公主家令

功曹

功曹参军

功曹掾

宫闱局

gòng

供奉

hǔ

虎贲郎

虎贲校尉

虎贲中郎将

hù

户部

户部郎中

户部尚书

户部左右侍郎

户曹

户曹参军

户曹掾

huàn

浣衣局

huáng

黄门令

黄门省

黄门侍郎

huì

会同馆

惠民局

惠民司

hūn

阍寺

J

jí

集曹掾

集书省

集贤院

籍田丞

籍田令

jì

计相

寄禄官

jiā

加官

家臣

家丞

家相

家宰

家宗人

jiǎ

甲吏

jūn

军器监

均输丞

均输令

jùn

郡丞

郡公

· 郡守

郡尉

K

kāi

开府仪同三司

kǎo

考功郎中

考功令

kè

客曹

L

lán

兰省

兰台

兰台郎

兰台令史

láng

郎中

郎中令

郎中三将

lǐ

礼部

礼部郎中

礼部尚书

礼部侍郎

里尹

里宰

里长

里正

理问

lì

吏部

吏部郎中

吏部尚书

吏部左右侍郎

mó

磨勘院

mù

牧伯

牧场统辖总管

牧夫

牧监

牧令

牧民官

牧人

牧师

牧守

牧宰

牧长

牧正

N

nán

南北军正

南宫卫士令

南省

南司

南台

南洋通商大臣

nèi

内常侍

内大臣

内府

内府局

内阁

内阁中书

内官

内官监

内翰

内舍人

内史

内史尹

内侍伯

内侍省

内务府

内相

内小臣

内宰

内者令

R

rù

入内内侍省

S

sān

三法司

三府

三公

三公曹

三馆

三口通商大臣

三吏

三省

三师

三署

三司

三司会审

三司使

三台

sǎn

散官

散骑常侍

sēng

僧录司

僧正

shàng

上计吏

上计掾

上军校尉

上林令

上林署

上林苑监

上卿

上佐官

尚宝

尚宝监

尚乘局

尚方令

尚服

尚宫

尚辇

尚寝

尚膳监

食官令　　　　　　守藏史

shǐ　　　　　　　　守道

使臣　　　　　　　守宫令

shì　　　　　　　　守祧

士曹　　　　　　　首辅

士曹参军　　　　　shū

士师　　　　　　　书佐

市令　　　　　　　枢密使

侍读　　　　　　　枢密院

侍读学士　　　　　shǔ

侍讲　　　　　　　属国都尉

侍讲学士　　　　　署丞

侍郎　　　　　　　署令

侍史　　　　　　　署长

侍书　　　　　　　署正

侍卫　　　　　　　shù

侍医　　　　　　　戍主

侍御史　　　　　　庶长

侍正　　　　　　　shuǐ

侍中　　　　　　　水部郎中

shǒu　　　　　　　水曹掾

守备　　　　　　　水衡都尉

司徒	**T**
司土	tái
司务	台院
司勋郎中	tài
司盐都尉	太保
司业	太仓丞
司仪	太仓令
司仪署	太仓署
司苑局	太常丞
司直	太常卿
sì	太常寺
四方馆	太府丞
四辅官	太府监
四夷馆	太府寺
寺卿	太府寺卿
寺人	太傅
祀丞	太官
sù	太官令
肃政台	太监
	太庙丞
	太庙令
	太仆

田曹掾

tiě

铁官

tíng

廷理

廷尉

廷尉平

廷尉卿

廷尉正

亭长

亭佐

tōng

通判

通事舍人

通守

通政使

通政使司

tóng

同知枢密院事

铜官

tú

图画署

tuán

团练使

团主

tuī

推官

tún

屯兵八校尉

屯骑校尉

屯田郎中

W

wài

外朝官

外府

外官

wáng

王傅

wèi

卫尉

卫尉丞

卫尉卿

卫尉寺

相邦

相国

xiǎo

小稽臣

小臣

小耤臣

小师

小史

小众人臣

xiào

校尉

校长

校正

xié

协律都尉

协律郎

xíng

刑部

刑部郎中

刑部尚书

刑部侍郎

行军司马

行人司

xiù

绣衣御史

xuān

宣徽使

xué

学录

学正

xūn

勋官

xún

巡察使

Y

yā

押司

yà

亚卿

亚相

yán

言官

盐官

yuè

乐府令

乐尹

越骑校尉

yún

云骑尉

Z

zai

宰夫

宰辅

宰官

宰衡

宰人

宰相

宰执

zéi

贼曹掾

zhān

詹事府

zhǎng

长吏

长史

掌灯

掌固

掌故

掌醢署

掌记

掌疆

掌交

掌节

掌客

掌礼司

掌皮

掌囚

掌舍

掌书

掌书记

掌讶

掌仪司

掌院学士

掌正

掌治署

掌馔

中军校尉	zhū
中郎	朱衣吏
中郎将	诸牧监
中垒校尉	zhǔ
中卿	主簿
中舍人	主傅
中书令	主计
中书舍人	主爵
中书省	主客
中书侍郎	主客郎中
中书通事舍人	主书
中台	主司
中尉	主章丞
中校丞	主章长
中校令	zhù
zhǒng	助军校尉
冢宰	柱下史
zhōu	祝史
州牧	著作局
州判	著作郎
州司马	著作佐郎
州佐	铸钱使

参考文献

［1］曹先擢，苏培成．汉字形义分析字典［M］．北京：北京大学出版社，1999．

［2］何九盈，等．中国汉字文化大观［M］．北京：北京大学出版社，1999．

［3］华中师范学院京山分院中文系资料室．中国古代文化常识［M］．1977．

［4］黄本骥．历代职官表［M］．上海：上海古籍出版社，2005．

［5］李学勤．字源［M］．天津：天津古籍出版社；沈阳：辽宁人民出版社，2012．

［6］刘光华．历代职官小辞典［M］．兰州：甘肃教育出版社，1989．

［7］刘庆娥．汉字形义通释［M］．北京：首都师范大学出版社，2008．

［8］汤可敬．说文解字今释［M］．许慎．长沙：岳麓书社，1997．

［9］王力．古代汉语·通论（二十）：职官［M］．北京：中

华书局，1999.

［10］王力．王力古汉语字典［M］．北京：中华书局，2000.

［11］王力，等．古汉语常用字字典［M］．北京：商务印书馆，2005.

［12］徐中舒．甲骨文字典［M］．成都：四川辞书出版社，1990.

［13］杨志玖．中国古代官制讲座［M］．北京：中华书局，1992.

［14］俞鹿年．历代官制概略［M］．哈尔滨：黑龙江人民出版社，1978.

［15］臧云浦，朱崇业，王云度．历代官制、兵制、科举制表释［M］．南京：江苏古籍出版社，1987.

［16］赵德义，王兴明．中国历代官称辞典［M］．北京：团结出版社，1999.

［17］《中国历代官制》编委会．中国历代官制［M］．济南：齐鲁书社，1993.

［18］左言东，陈嘉炎．古代官制纵横谈［M］．北京：新华出版社，1989.

［19］左言东．先秦职官表［M］．北京：商务印书馆，1994.

［20］后汉书·百官志［M］．北京：中华书局，1995.

［21］隋书·百官志［M］. 北京：中华书局，1973.

［22］旧唐书·职官志［M］. 北京：中华书局，1975.

［23］宋书·百官志［M］. 北京：中华书局，1974.

［24］明史·职官志［M］. 北京：中华书局，1974.

后　记

　　本书是师生合作的成果。2013 年四五月间，我接到出版社的任务，当时因手头另有科研任务所以很犹豫。时值友生洪晓婷完成了硕士毕业论文并考取了博士，这时到她去攻读博士学位还有三个来月的时间，因她勤奋努力，专业基础好，我想让她多锻炼一下，于是便应承下来。

　　我拟好本书的篇章结构与条目，定好写作思路与要求，写好样稿（"保"字与职官），提供参考文献，就交由洪晓婷写作。两个多月后，初稿出来了，基本符合要求，然后我们分头修改，我主要修改所有汉字的意义及其发展变化，以及"汉字与官署、职官"中前九个字的所有职官词条，其余的职官词条都由晓婷修改，然后加上职官词条索引。这时她已经是南京师范大学的博士研究生了。最后，我又从体例到内容，对全书作了一次修饰，同时加上"弁言"和"后记"。

　　我们主要从事词汇训诂研究，对于字词研究得比较多，对于职官缺乏研究，书中错误一定不少，敬请读者批评指正。

　　正如"弁言"所讲，本书在编撰过程中，参考、引用了一批相关文献。限于小书的性质与体例，我们没有随文一一注明出处，但可见书后"参考文献"。在此，我们谨向所参、所引文献的作者致以诚挚的谢意！

钟明立
2014 年 3 月